顾　问：郑健成
主　编：隋玉玲
副主编：刘冰灵　林　琼
编　写：（按姓氏笔画排序）
　　　　刘冰灵　林　琼　郑景云　练伟珍
　　　　隋玉玲　彭如玲　赖　薇

梦山书系

幼儿园管理实用手册

YOUERYUAN GUANLI SHIYONG SHOUCE

福建幼儿师范高等专科学校附属第一幼儿园 ◎ 编

海峡出版发行集团 | 福建教育出版社

图书在版编目（CIP）数据

幼儿园管理实用手册/福建幼儿师范高等专科学校附属第一幼儿园编. —福州：福建教育出版社，2016.3（2022.6重印）
　ISBN 978-7-5334-7052-4

Ⅰ.①幼… Ⅱ.①福… Ⅲ.①幼儿园—管理—手册 Ⅳ.①G617.62

中国版本图书馆 CIP 数据核字（2015）第 276666 号

You'eryuan Guanli Shiyong Shouce
幼儿园管理实用手册
福建幼儿师范高等专科学校附属第一幼儿园　编

出版发行	福建教育出版社
	（福州市梦山路 27 号　邮编：350025　网址：www.fep.com.cn
	编辑部电话：0591-83726908
	发行部电话：0591-83721876　87115073　010-62024258）
出 版 人	江金辉
印　　刷	福建新华联合印务集团有限公司
	（福州市晋安区后屿路 6 号　邮编：350014）
开　　本	710 毫米×1000 毫米　1/16
印　　张	13.5
字　　数	200 千字
插　　页	1
版　　次	2016 年 3 月第 1 版　2022 年 6 月第 7 次印刷
书　　号	ISBN 978-7-5334-7052-4
定　　价	29.00 元

如发现本书印装质量问题，请向本社出版科（电话：0591-83726019）调换。

前　言

近年来，随着学前教育事业的加快发展，许多新建幼儿园的管理者，尤其是新手园长们面临着扩大学前教育资源和提高学前教育质量的双重要求，倍感任务艰巨。根据2015年教育部颁布的《幼儿园园长专业标准》，"优化内部管理"已成为园长的必备专业职责之一，而建立一套适合园情且行之有效的工作管理实施办法，正是提高幼儿园教育质量的前提和保障。

幼儿园工作管理是一项系统的工作，是幼儿园管理者通过一定的机构和制度，采用一定的手段和措施，按照幼儿园保教工作的客观规律，以一定的教育目的为准则，运用现代管理技术，对幼儿园的人、财、物、时间、信息等因素进行计划、组织、领导、控制，调动园内外方方面面的积极性，优质高效地完成幼儿园的工作任务，全面提高保教质量所进行的职能活动。福建幼儿师范高等专科学校附属第一幼儿园（原福建省福州幼儿师范学校附属幼儿园）创办于1915年，历史底蕴深厚，是全国贯彻《幼儿园工作规程（试行）》十个试点园之一、福建省首批贯彻《幼儿园教育指导纲要（试行）》试点园和福建省首批示范性幼儿园，多次承担国家级、省级园长培训的观摩实践和跟岗研修任务。多年来，我园始终坚持在"以儿童发展为本"的办园理念指导下进行改革与创新，积极探索幼儿园的科学管理，形成了较完善的管理制度，积累了较丰富的管理经验。

《幼儿园管理实用手册》是我园管理者在长期的管理工作中，根据学前教育发展和幼儿园发展需要，不断建立和完善幼儿园工作制度和各类人员岗位职责，并在执行制度和履行职责过程中反复调整论证而成的。为方便读者在工作中的运用，我园选取了其中具有普遍意义的、适用于不同层次幼儿园的内容。全书分为幼儿园行政管理、幼儿园教育教学管理、幼儿园后勤管理三章，每个章节分别由岗位职责、制度与规定、实操表格三个部分组成。全书结构清晰，内容丰富，贴近实际，是幼儿园管理者和幼儿园管理工作人员的实用指导书。

  本书的出版是管理者和教师集体智慧的结晶，在此一并表示感谢，特别感谢已经退休的李惠玲园长和陈晓霞、张英慧老师，以及原附属幼儿园鹿海云副园长，她们在幼儿园行政管理过程中积累了丰富的经验，对规章制度的制订付出了很多的心血。

  幼儿园科学管理的探索之路是曲折而漫长的，我园的管理制度也在不断调整完善之中，因此本书还存在许多不足之处，恳请各位专家、同行和读者们谅解与指正。

隋玉玲

2016年1月

目 录

第一章 幼儿园行政管理

岗位职责

园长职责 …………………………………………………… 3

业务副园长职责 …………………………………………… 4

行政副园长职责 …………………………………………… 5

办公室主任职责 …………………………………………… 6

保教主任职责 ……………………………………………… 7

教研主任职责 ……………………………………………… 8

总务主任职责 ……………………………………………… 9

制度与规定

领导班子议事制度 ………………………………………… 10

园务公开制度 ……………………………………………… 12

教职工行为规范 …………………………………………… 13

教职工作息时间安排 ……………………………………… 14

值班制度 …………………………………………………… 15

请假与考勤的暂行规定 …………………………………… 16

第二章 幼儿园教育教学管理

第一节 日常保教

岗位职责
年段长职责 ··· 23
班主任职责 ··· 24
教师职责 ·· 25

制度与规定
日常保教工作制度 ·· 26
幼儿园一日生活常规 ··· 27
幼儿一日生活作息安排 ·· 35
教师配班环节及要求 ··· 37

实操表格
保教工作检查指导记录表 ··· 38
教学活动指导记录表 ··· 39
班务（年段）会议记录表 ··· 40
班务会情况一览表 ·· 41
教师观摩活动记录表 ··· 42

第二节 家长工作

岗位职责
家长委员会主任职责 ··· 43
家长委员会委员职责 ··· 44

制度与规定
家长工作制度 ·· 45
家长委员会章程 ··· 46
家长学校制度 ·· 48

实操表格

幼儿园家长委员会成员一览表…………………………………… 49

幼儿园家长工作一览表…………………………………………… 50

家长委员会会议记录表…………………………………………… 51

家庭教育咨询记录表……………………………………………… 52

家长访谈记录表…………………………………………………… 53

家长会情况记录表………………………………………………… 54

第三节 教育教研

岗位职责

课题指导教师职责………………………………………………… 55

课题组组长职责…………………………………………………… 56

制度与规定

教科研工作制度…………………………………………………… 57

教科研经费支出的有关规定……………………………………… 58

教科研成果奖励的有关规定……………………………………… 60

实操表格

课题研究指导协议………………………………………………… 62

课题研究指导记录表……………………………………………… 63

第四节 专业成长

岗位职责

带教教师职责……………………………………………………… 64

青年教师职责……………………………………………………… 65

制度与规定

幼儿园教师专业成长要求………………………………………… 66

教职工参加继续教育的有关规定………………………………… 67

幼儿园继续教育课时认定标准…………………………………… 68

指导与被指导教师的有关规定…………………………………… 69

关于园级骨干教师申报培养及考评方案……70
园级以上骨干教师的权利与义务……72

实操表格

教师专业成长规划及评定表……73
园级骨干教师培养对象评审申报表……75
园级骨干教师培养对象考核认定表……77
园级骨干教师发挥示范、辐射作用考核评估表……78
带教指导协议与评定……79
带教教师指导情况记录表……80
青年教师观摩学习记录表……81
教师"手拉手"情况反馈表……82

第三章 幼儿园后勤管理

第一节 安全工作

岗位职责

安全保卫主任（兼任）职责……85
安全员（兼任）职责……86
保安员职责……87
门卫职责……88

制度与规定

幼儿园建筑安全管理制度……89
安全值班制度……90
消防安全管理制度……91
门卫管理制度……92
安全隐患排查制度……93
饮水卫生安全制度……94

用电安全管理制度 ………………………………………… 95

档案室安全管理制度 ……………………………………… 96

防爆、防毒、防盗制度 …………………………………… 97

安全事故报告制度 ………………………………………… 98

大型活动申报审批制度 …………………………………… 99

安全会议制度 ……………………………………………… 100

安全教育培训制度 ………………………………………… 101

安全工作责任制和事故责任追究制 ……………………… 102

安全应急预案 ……………………………………………… 104

防震演习预案 ……………………………………………… 107

幼儿园突发性事件处理预案流程 ………………………… 110

师幼外出活动的有关规定 ………………………………… 113

安全责任状 ………………………………………………… 116

实操表格

来访登记表 ………………………………………………… 125

监控录像调取记录表 ……………………………………… 126

监控设备维修记录表 ……………………………………… 127

每日安全巡查表 …………………………………………… 128

安全修缮记录表 …………………………………………… 129

消防检查记录表 …………………………………………… 130

灭火器定期检查表 ………………………………………… 131

第二节 卫生保健工作

岗位职责

保健人员职责 ……………………………………………… 132

保健助手职责 ……………………………………………… 133

保洁员职责 ………………………………………………… 134

制度与规定

晨检制度 …………………………………… *135*

午检制度 …………………………………… *136*

服药登记制度 ……………………………… *137*

卫生消毒及隔离制度 ……………………… *138*

体格锻炼制度 ……………………………… *140*

疾病预防制度 ……………………………… *141*

健康教育制度 ……………………………… *142*

健康检查制度 ……………………………… *143*

五官保健制度 ……………………………… *144*

营养膳食管理制度 ………………………… *145*

饮食卫生制度 ……………………………… *146*

家长联系制度 ……………………………… *147*

因病缺勤幼儿病因追查与登记制度 ……… *148*

传染病管理制度 …………………………… *149*

卫生保健登记、统计制度 ………………… *150*

实操表格

晨检及全日健康观察登记表 ……………… *152*

在园幼儿带药服药记录表 ………………… *153*

幼儿出勤登记表 …………………………… *154*

幼儿因病缺勤登记日志 …………………… *155*

幼儿缺勤情况报告表 ……………………… *156*

幼儿缺勤追访登记表 ……………………… *157*

幼儿出勤统计分析表 ……………………… *158*

幼儿传染病登记表 ………………………… *159*

幼儿营养性疾病及常见疾病登记表 ……… *160*

疾病与缺点矫治情况登记表 ……………… *161*

幼儿营养性疾病管理记录表 …………………………… 162

幼儿口腔、眼保健情况统计表 …………………………… 163

幼儿体格发育评价统计表 …………………………… 164

学年（上、下）幼儿健康检查统计分析表 …… 165

膳食营养分析表 …………………………… 166

健康教育记录表 …………………………… 168

膳食委员会会议记录表 …………………………… 169

幼儿伤害登记表 …………………………… 170

入托、入学幼儿预防接种证查验登记表 ………… 171

入托、入学幼儿预防接种证查验及补种情况汇总表 …
…………………………… 172

班级卫生消毒记录表（一） …………………………… 173

班级卫生消毒记录表（二） …………………………… 174

班级卫生检查记录表 …………………………… 175

日常卫生工作检查指导记录表 …………………………… 176

第三节 膳食工作

岗位职责

食堂管理员职责 …………………………… 177

食堂仓库管理员职责 …………………………… 178

食堂炊事员职责 …………………………… 179

食堂勤杂人员职责 …………………………… 180

制度与规定

幼儿膳食管理制度 …………………………… 181

食堂从业人员健康管理制度 …………………………… 182

食堂从业人员岗位培训制度 …………………………… 183

食品原料采购索证制度 …………………………… 184

食堂仓库管理制度 …………………………… 185

餐具、用具清洗消毒制度 ⋯⋯⋯⋯⋯⋯⋯⋯⋯⋯⋯ *186*

粗加工管理制度 ⋯⋯⋯⋯⋯⋯⋯⋯⋯⋯⋯⋯⋯⋯ *187*

烹调加工管理制度 ⋯⋯⋯⋯⋯⋯⋯⋯⋯⋯⋯⋯⋯ *188*

配餐卫生管理制度 ⋯⋯⋯⋯⋯⋯⋯⋯⋯⋯⋯⋯⋯ *189*

食品留样制度 ⋯⋯⋯⋯⋯⋯⋯⋯⋯⋯⋯⋯⋯⋯⋯ *190*

实操表格

食（饮）具消毒记录表 ⋯⋯⋯⋯⋯⋯⋯⋯⋯⋯⋯ *191*

食堂卫生检查记录表 ⋯⋯⋯⋯⋯⋯⋯⋯⋯⋯⋯⋯ *192*

食堂卫生包干区检查记录表 ⋯⋯⋯⋯⋯⋯⋯⋯⋯ *193*

留样记录表 ⋯⋯⋯⋯⋯⋯⋯⋯⋯⋯⋯⋯⋯⋯⋯⋯ *194*

期末食堂工作检查记录表 ⋯⋯⋯⋯⋯⋯⋯⋯⋯⋯ *195*

第四节　其他工作

岗位职责

资产管理员职责 ⋯⋯⋯⋯⋯⋯⋯⋯⋯⋯⋯⋯⋯⋯ *196*

电教管理员职责 ⋯⋯⋯⋯⋯⋯⋯⋯⋯⋯⋯⋯⋯⋯ *197*

功能室管理员职责 ⋯⋯⋯⋯⋯⋯⋯⋯⋯⋯⋯⋯⋯ *198*

档案管理员职责 ⋯⋯⋯⋯⋯⋯⋯⋯⋯⋯⋯⋯⋯⋯ *199*

制度与规定

保管制度 ⋯⋯⋯⋯⋯⋯⋯⋯⋯⋯⋯⋯⋯⋯⋯⋯⋯ *200*

班级电教财产管理制度 ⋯⋯⋯⋯⋯⋯⋯⋯⋯⋯⋯ *201*

办公电脑使用规定 ⋯⋯⋯⋯⋯⋯⋯⋯⋯⋯⋯⋯⋯ *202*

多功能室管理制度 ⋯⋯⋯⋯⋯⋯⋯⋯⋯⋯⋯⋯⋯ *203*

第一章
幼儿园行政管理

岗位职责

园　长　职　责

一、贯彻执行国家有关法律、法规、方针、政策和上级主管部门的规定。

二、全面负责幼儿园工作，重点管理人事、财务、基建、招生、外出培训。

三、根据《幼儿园工作规程》《幼儿园教育指导纲要（试行）》精神，制订全园工作计划，完成幼儿园的保育和教育两大任务，并及时总结和推广经验。

四、负责组织全体教职工的政治思想、业务学习与培训，建立并组织执行各项规章制度，指导、检查和评估全体教职工的工作，给予奖惩。

五、负责召开园长办公会、园务会、全体教职工会，听取各部门工作汇报，及时处理和决定园内重大事项。

六、积极争取家长及社会各界的支持，统筹安排幼儿园的各项经费，不断改善办园条件和教职工的福利待遇，维护教职工的合法权益。

七、定期向福建幼儿师范高等专科学校（以下简称学校）领导汇报幼儿园工作，并接受指导和检查。

八、加强与上级行政部门的联系以及联办园所指导工作的管理。

九、指导工会、团支部工作。

业务副园长职责

一、在园长的领导下，根据园长办公会议精神，负责管理幼儿园的教育教学全面工作。

二、以《幼儿园工作规程》《幼儿园教育指导纲要（试行）》《3—6岁儿童学习与发展指南》为指导，根据幼儿园的实际与发展需要，拟定幼儿园学年教育教学工作计划，组织实施并总结推广教育教学工作经验。

三、为教师营造良好的工作氛围，调动教师开展各项教育教学工作的积极性、主动性和创造性。

四、了解教师履行岗位职责情况，组织、指导和考评教师日常保教和教科研工作，提升幼儿园教育教学质量。

五、检视各年段、班级幼儿发展情况，分析全园幼儿发展水平，及时调整课程，实施有效策略，不断促进幼儿的学习与发展。

六、加强师资队伍专业建设，拟订和落实不同层次教师培养培训计划，不断提升教师教育教学理论水平和实践能力，促进教师专业发展。

七、配合园长做好各级各类对外开放、大型接待等重要活动，积极宣传和及时推广教育教学成果，树立和打造幼儿园专业品牌。

行政副园长职责

一、在园长的领导下，根据园长办公会议精神，负责管理幼儿园行政事务工作。根据幼儿园工作计划和教育教学的需要，制订行政工作计划，组织实施，并做好学年总结。

二、抓好后勤队伍建设，负责后勤人员的业务培训，指导他们履行岗位职责，执行各项规章制度，做好学年考核评估。

三、指导保育员开展保育工作，组织保育员的业务学习，检查落实保育工作质量。做好合同工的录用、合同签订、考核评估等管理工作。

四、指导幼儿园安全与卫生保健工作，协调行政后勤各部门之间的配合，确保师幼安全与健康。

五、协助园长落实校园规划与建设，安排落实基建修缮计划，并做好过程指导与验收工作。督促有关人员管理好园舍、设备。

六、负责指导资产、电教、食堂、档案等管理人员的工作，每学期进行一次检查反馈。每学年组织有关人员整理、装订幼儿园档案，并做好年终各类报表的填写工作。

七、负责安排幼儿园各种会议、活动的后勤事务工作，负责园内外来宾接待及社会宣传工作。

办公室主任职责

一、在园党支部和园长领导下主持办公室工作。负责组织、安排幼儿园各种会议及其他重要活动。做好园级有关会议的记录，并检查各部门执行会议决定的情况。

二、起草报告、计划、总结、公告及其他园级文件。

三、根据园部决议，负责组织协调各处室共同办理的综合性工作。

四、负责内外宾及上级领导来园参观的安排和接待；负责接待、处理园内外群众来信来访。

五、协助园领导做好教职工的考核、职称评定、招聘及思想政治工作。

六、做好上级文件收发、登记、转办、归档工作，并处理办公室日常事务。

七、负责填报年终统计表和上级交办的其他各类报表，负责档案材料的收集、整理、装订和管理，并指导各部门文书档案工作。

保教主任职责

一、拟定保教工作计划及月工作重点，检查、指导年段和班级工作计划的制订，针对存在的问题与业务副园长、年段长及班主任协商，及时进行调整与改进。

二、协助业务副园长进行教师师德师风教育，调动教师工作积极性、主动性和创造性。

三、定期或随机检查、指导、考评教师日常保教及家长工作等，并提出改进建议和要求。

四、了解、分析各班幼儿发展情况，及时与教师交流，向业务副园长反馈，并提出加强教育教学工作的思路。

五、有计划地组织、协调和指导节庆活动、外出参观、运动会等班际、年际活动，及时收集相关资料。

六、指导教师做好家长会、家长开放日、家访、家长学校、园部家教宣传出刊等各项家园联系工作，及时向家长发放各类通知，汇总家长的意见和建议，提出改进策略。

七、撰写、修订教育教学上网信息，及时发布教育教学新动态，推广辐射教育教学经验。

八、协助业务副园长组织教师业务学习、集体备课、岗位练兵、园内观摩研讨等，并做好活动记录，提升教师专业水平。

九、协助业务副园长组织、指导各级各类对外开放活动，并做好活动前教育教学准备工作。

十、配合学校做好学生见、实习指导和评定工作。

十一、配合教研主任开展教研工作，协助行政副园长开展各项保育指导工作，保教、教研相结合，不断提高教育教学质量。

十二、按时做好保教人员的考勤登记、统计等工作；总结保教工作，打印、整理、汇集本部门档案材料。

教研主任职责

一、根据幼儿园教育教学计划，拟定月工作重点，指导、检查各课题组制订课题实施计划，针对存在的问题，与业务副园长、课题组长协商调整，改进计划。

二、结合教科研工作，不断激发教师参与教科研活动的积极性、主动性、创造性。

三、协助业务副园长组织、指导、检查、考评各课题组的教科研工作，并根据实际情况提出新要求。

四、安排和组织观摩、研讨、分享、"手拉手"等各项教科研活动，并及时分析、记录、反馈活动情况。

五、指导、检查各课题组实施课题计划及总结、推广教科研成果等工作。

六、配合保教主任开展日常保教工作。

七、安排、组织全体教职工参与各层次的继续教育，并做好统计、认定工作。

八、及时反思教科研工作情况，协助分管副园长改进、完善教科研工作。

九、总结学年幼儿园教科研工作，梳理、汇集有关教科研活动资料归档。

十、指导教师及时总结教科研经验，定期汇编幼儿园课改成果，向有关教育刊物、幼教研究会等学术机构推荐幼儿园具有一定理论与实践价值的教科研成果。

总务主任职责

一、根据幼儿园行政后勤工作计划及教育教学需要，组织、指导、检查后勤事务、卫生保健、食堂及保管工作，针对存在的问题，与分管副园长协商调整后勤工作计划。

二、协助分管副园长做好后勤人员的政治思想工作，调动其工作积极性、主动性、创造性，增强服务意识，提高办事效率。

三、协助分管副园长主持后勤工作会议，指导后勤工作人员履行岗位职责，协助做好考核、评估工作。

四、负责采购小组工作，对各部门申购的物品进行审核。了解并掌握全园资产保管情况，每月定期检查并反馈，提高资产的效用。

五、负责校园环境的管理，协助落实校园建设，努力实现校园绿化、净化、美化，不断改善教学条件和学习环境、生活环境。

六、协助分管副园长做好幼儿园的基建、修缮等工作，负责施工过程的监工和质量检查。

七、检查落实幼儿园校舍、设施安全工作，每月定期检查各类设施设备，及时发现安全隐患并采取措施，防止发生危害师生的安全事故。

八、协助分管副园长做好合同工的录用、评估、考核等管理工作，负责做好合同工的工资、岗位绩效等工作。

九、协助分管副园长做好幼儿园各类报表统计、上报工作。

制度与规定

领导班子议事制度

根据上级主管部门的相关要求，制订幼儿园重大事务议事制度。

一、幼儿园重大事务的基本范围

1. 制订幼儿园发展规划和年度、学期工作计划。
2. 出台重大改革措施和规章制度。
3. 幼儿园人事安排意见（中层以上的人事安排由上级主管部门党委研究确定）。
4. 师资队伍建设实施方案。
5. 大额经费支出。
6. 重大基建项目。
7. 教职工评估考核、评优评先方案。
8. 教师职称评定工作。
9. 市级以上开放、观摩活动。
10. 选派教师外出考察、学习，或代表幼儿园外出指导、讲课、参赛等安排。
11. 幼儿园招生方案的制订。

二、幼儿园重大事务决策的几个原则

1. 集体研究原则。幼儿园重大事务必须经过园长办公会议集体研究决定。
2. 少数服从多数原则。班子成员对园重大事务决策意见不统一时，应根据少数服从多数的原则作出决策。
3. 集体决策，分工负责原则。幼儿园重大事务经班子成员集体研究决策后，分管领导按决议精神贯彻实施。
4. 群众路线原则。幼儿园重大事务关系到教职工切身利益，要充分听取群众意见。

5. 决策前向上一级领导报告原则。幼儿园重大事务的提出应事先向上一级领导报告,听取上一级领导的指导意见。

6. 保密原则。园长办公会议的议题,尚未确定或有争议的内容不得外传。

园务公开制度

为了更好地落实民主管理，推进我园党风廉政建设。根据福建幼儿师范高等专科学校校务公开的暂行规定，拟定我园园务公开制度。

一、成立园务公开组织机构。由园务会成员组成园务公开工作领导小组；由年段长、教职工代表组成园务公开工作监督检查小组。

二、园务公开工作领导小组不定期召开专题会议，研究园务公开工作；园务公开工作监督检查小组每学期进行一次检查，并将反馈记录材料建档。

三、园内的重大决策、改革方案及关系到教职工切身利益的重大问题，必须经教职工代表大会讨论通过。

四、园内财政收支情况，由校部财务每月向园长室通报一次。

五、园内基建项目按相关规定公开招标，工程质量委托监理站监督，工程竣工验收均按有关规定进行。在规定金额以内的修缮、绿化等工程项目须经领导集体研究决定。

六、园内物资采购按学校财务管理规定的程序，由采购人员采购，特殊物品和大宗物品经主管领导批准后，由采购小组共同采购。

七、教职工职称评聘时应把职数、申报人员向相应的群体公布。评审时坚持公正、公平的原则，并由园评审推荐小组按无记名投票方式确定推荐人选。

八、公开人员招聘的条件和职数。按照上级相关规定及程序，进行方案公示、招聘录用等工作。

九、经园务会研究确定招生方案，报校领导审批后予以公示。

十、建立园务公开栏，及时发布有关信息，收集、反馈群众意见。各项公开材料每学期末归档。

教职工行为规范

一、热爱幼教事业，认真贯彻执行《幼儿园工作规程》《幼儿园教育指导纲要（试行）》《3—6岁儿童学习与发展指南》精神，努力提高专业知识和技能，提高文化水平和专业水平，全心全意为幼儿服务，为家长服务。

二、热爱幼儿，尊重幼儿，对幼儿态度和蔼，坚持正面教育，积极创设良好的教育环境，促进幼儿身心全面和谐发展。

三、遵纪守法，遵守园内规章制度，认真履行岗位职责，服从园部工作安排，及时完成各项工作任务。

四、举止文明，礼貌待人，服饰整洁大方，仪表端庄自然。

五、关心集体，顾全大局，团结协作，乐于助人。

六、爱护公物，保护园内各种设施、玩具、器械，妥善保管公共财产。

七、廉洁奉公，勤俭节约，不占用幼儿物品，不将公物占为己有。

八、保持环境整洁，各类物品排列有序、用毕复位。

九、注意安全，防火防盗，预防一切事故发生。

十、维护社会公德，积极参加社会公益活动。

教职工作息时间安排

一、行政人员

上午 8:00—11:30

下午 14:30—17:00（冬令时）　　14:45—17:15（夏令时）

行政值班:7:30—8:30

　　　　　14:20—14:45（冬令时）

　　　　　14:35—15:00（夏令时）

　　　　　16:45—17:30（冬令时）

　　　　　17:00—17:45（夏令时）

二、教师

上午班　值班 7:30—8:00

　　　　　上午 8:00—12:00

　　　　　下午15:00—17:15（夏令时）

　　　　　　14:45—17:00（冬令时）

下午班　上午 8:15—11:30

　　　　　下午14:25—余3个幼儿时（冬令时）

　　　　　　14:40—余3个幼儿时（夏令时）

　　　　　值日 17:00—17:45

三、保育员

　　　　　上午 7:45—下午 16:30（小班年段到下午 17:00）

　　　　　11:00—11:30 为午餐时间

值 班 制 度

每日由行政人员、教师和医务人员各一人值班。值班人员应准时到岗，履行值班职责，不随意调班。

一、行政值班

1. 做好教职工出勤登记，发现缺勤及时调整或反馈给相关部门。
2. 协助值班教师组织早到、迟接的幼儿。
3. 遇事妥善处理，特殊情况应及时向园领导反馈。
4. 巡视、指导各班级午睡情况，并做好记录。
5. 负责升旗、降旗工作。
6. 做好清园工作。

二、教师值班

1. 认真接待并组织早到、迟接的幼儿。防止幼儿擅自离开接待室。
2. 离园时认真做好与各班教师和家长的交接工作，填写好交接单，确保幼儿安全。

三、医务人员值班

1. 认真做好幼儿的晨检工作。
2. 巡视、观察、记录保育员照看幼儿午睡情况，处理临时发生的问题，并根据实际情况上报园领导。
3. 检查各活动室的安全、卫生。

请假与考勤的暂行规定

为加强劳动纪律,保证幼儿园正常的工作秩序,维护教职员工的合法权益,根据上级有关规定精神,结合幼儿园实际,特制定本规定。

一、考勤要求

第一条 幼儿园实行坐班制,教职工按园部规定的作息时间上下班,并按幼儿园要求准时参加各项集体活动。

第二条 幼儿园办公室负责管理全园教职工的考勤工作,保教室负责日常工作考勤统计。

二、各类假的规定

(一)探亲假

第三条 探亲假时间规定。

教职员工的探亲假每学年享受一次。没有特殊原因,探亲假时间一律安排在寒、暑假。

第四条 享受探亲假的对象。

凡工作满一年以上,不与配偶或父母住在一起的;符合国家规定探亲条件的归侨、侨眷、台胞、港澳同胞眷属,公派留学人员及其配偶,军官配偶以及其他人员。

第五条 探亲假期间的待遇。

探亲路费的报销以及其他探亲假期间的待遇,由财务部门按国家和校部有关规定执行。

第六条 探亲假的其他特殊情况参照国家有关规定执行。

(二)病、事假

第七条 教职工因病不能坚持正常工作,需要治疗休息者,在出具县级以上医疗部门的病休证明及病历(需加盖医院公章)并经审批后,可休病假。教职工因私事不能坚持正常工作的,在条件许可的情况下,经本人书面申请可酌情给予事假。

第八条 病、事假有关待遇按以下标准执行：

1. 月病、事假累计达15天以内，发给本人基础性工资，奖励性绩效工资中的考核奖及岗位津贴视考勤情况按实发放。

2. 月病、事假累计达15天以上（含15天），停发基础性工资中的岗位津贴。

3. 病、事假在15天以上2个月以内，发给本人基础性工资中的标准工资及生活补贴，提租补贴按实发放。

4. 病、事假超过2个月的，从第3个月起按下列标准发给工资：工作年限不满10年的，发给本人标准工资的90%及生活补贴，提租补贴按实发放；工作年限满10年的标准工资、生活补贴照发，提租补贴按实发放。

5. 病、事假连续时间超过6个月的，从第7个月起按下列标准发给工资：工作年限不满10年的，发给本人标准工资的70%及生活补贴，提租补贴按实发放；满10年及以上的，发给本人标准工资的80%及生活补贴，提租补贴按实发放。

6. 见习期间休产假、病事假的，其见习期应相应延长。见习期最多只可顺延12个月，超过者解除聘用合同。

7. 癌症、精神病患者，病休期间，也按规定计发病假工资。

8. 连续病、事假6个月以上者，请假期间不计算连续工龄。

（三）婚、丧假

第九条 享受婚、丧假的范围及期限。

1. 教职工女性年满23周岁，男性年满25周岁结婚给予7天婚假（含期间的双休日）。教职工双方不在同地工作的，婚假期间可根据路程远近给予路程假。婚假前一周可申请不坐班。

2. 教职工的直系亲属（配偶、子女、父母、公婆、岳父母）死亡，给予3天丧假；祖父母、外祖父母死亡，给予1天丧假（不含节假日）。若在外地的直系亲属死亡，需要教职工本人去料理丧事的，可根据路程远近给予路程假。

第十条 婚、丧假的待遇。

1. 教职工在婚、丧假和路程假期间，工资照发。

2. 教职工婚、丧假的往返路费自理。

（四）生育假

第十一条 生育假的对象和期限为：

1. 怀孕女教职员工在工作时间内做产前检查，其检查时间视作工作时间；怀孕 7 个月以上的，在无带班情况下每天可迟一小时上班或早一小时下班。

2. 女教职工正常生育者给予产假 90 天，其中产前休假 15 天；难产者增加产假 15 天（含期间的双休日、节假日）；生育多胞胎的，每多生育一个婴儿，增加产假 15 天。怀孕 4—7 个月流产，可根据医生意见给予 30—42 天的休养假。产假如正值寒暑假，且符合计划生育规定的教职员工，可按实际天数顺延休假时间。

3. 配偶符合晚育规定的男性教职工，可在配偶产假期间享受 7 天看护假（含期间的双休日）。

4. 女教职工婴儿一周岁之内每日给予两次哺乳时间，每次 30 分钟。生育多胞胎者，每多哺乳一个婴儿，每次哺乳时间增加 30 分钟。两次哺乳时间可合并使用。

5. 女教职工放节育环的，自手术之日起休息 7 天；取节育环的，自手术之日起休息 3 天。输卵管结扎给假 21 天；首次人工流产给假 14 天。

（五）工伤假

第十二条 教职工因工负伤，其工伤假按国家有关文件规定执行。

（六）补休假

第十三条 教职工每月可享有 0.5 天的机动补休假，在不影响工作的情况下（园内不安排业务、政治学习及其他集体活动的时间内），本学期的机动补休假可累积使用。

第十四条 一个 0.5 天的机动补休假可分两次使用（仅限两次）：上午不超过一小时三十五分钟，下午不超过一小时十五分钟；若超过时间均按半日计算。

第十五条 补休时若需调整带班时间，应征得园部及配班教师同意，不得私自调整园部安排的带班、值班等时间。

第十六条　出公差 3 天以上，返程当日若逢周一至周四或周日，在不影响幼儿园工作的情况下可补休 0.5 天。

三、请、销假的规定

第十七条　教职工请假（包括补休假）均须事先办理请假手续（至少提前 2 小时）。若有特殊情况应电话告知园领导，事后及时补办有关手续。

1. 教师请假 1 天以内（含 1 天），由分管教学的副园长审批，若副园长不在园，可由保教主任审批。1 天以上 3 天以内（不包括 3 天）由园长审批。

2. 行政人员（包括保育员、食堂员工等）请假 1 天以内（含 1 天），由分管副园长审批，若副园长不在园，可由总务主任审批。1 天以上 3 天以内（不包括 3 天）由园长审批。

3. 主任及副园长请假由园长审批。

4. 教职工请假 3 天以上，经园长同意后，报学校分管副校长审批，学校人事处备案。请假超过 2 个月的，须报校长审批，学校办公室备案。

5. 教职工上班需亲自签到并准时到岗，外出办公事，须经分管园领导口头批示。

第十八条　请假、续假期满后，请假者应及时到幼儿园报到销假。凡未经请假、续假或请假未获批准离岗者按旷工（课）处理。

第十九条　每月的法定工作日按 22.5 天计算。

第二十条　本规定未涉及的，按国家有关规定执行。

四、与考勤有关的奖罚规定

第二十一条　加班按　　元/小时计算，顶班按　　元/半天计算，节假日值班按　　元/天计算，节日当天按　　元/天计算，带班按　　元/半天计算，讲座、开放活动等其他工作补贴详见《教科研经费支出的有关规定》。

第二十二条　小孩一、二年级需接送的教职工，应向园部申请，批准后在不影响工作的情况下，每天可有 0.5 小时接送时间，但按实际时间累计扣岗位津贴，不扣分。

第二十三条　住校外的教职工及不享受接送二年级以内孩子的住校内教职工，因交通堵塞、车胎爆破等特殊原因，未能及时请假，迟到 15 分钟以内，每月不超过 1 次，可忽略不计，超过 1 次按　　元/次扣月考核奖。未经园部同意，在应参加的各种会议及集体活动迟到或早退，按　元/次减发月考核奖。

第二十四条　考勤与学期绩效评估挂钩。一学期累计病假 6 天以上（含 6 天，扣除补休假），按每天扣 1 分计，封顶 10 分，事假 2 天以上从第 3 天开始按每天扣 2 分计，封顶 20 分。学期累计迟到或早退满 3 次或 30 分钟，评估扣 1 分，后每增加半小时扣 1 分。

第二十五条　考勤与半年奖挂钩。学期累计病事假（扣除补休假）10 天以上，扣半年奖 20%，请假 20 天以上，扣半年奖 50%，不在岗达 3 个月及以上时间者，不享受半年奖。考勤与岗位津贴挂钩。学期请假超出补休假天数者，按超假的实际天数扣岗位津贴日平均数。

第二十六条　遇幼儿园有重要集体活动时，原则上不予准假，未经准假离岗者本学年不列入评优、评先范围。

第二十七条　病、事假休假人员在休假期间不得从事有经济收入的私人活动，否则停止享受病、事假期间的一切工资福利待遇，并按旷工处理。

第二十八条　无故旷工者，按实际天数扣发日平均工资及岗位津贴，旷工 2—3 天扣发半年奖，旷工 3 天（含 3 天）以上扣发全年奖金。无故旷工者本学年不列入评优、评先范围。

五、附则

第二十九条　园内规定的上下班时间、政治学习、业务学习、值班时间等列入考勤范围。

第三十条　幼儿园办公室负责解释本规定。

第三十一条　本规定未尽事项，按国家有关规定执行。

第三十二条　本规定自颁布之日起施行。

第二章
幼儿园教育教学管理

第一节　日常保教

岗位职责

年段长职责

一、根据幼儿园教育教学工作计划，制订年段工作计划及月工作重点，配合保教主任管理、指导本年段各项工作。

二、做好本年段保教人员的思想政治和协调配合工作，调动其工作的积极性、主动性、创造性。

三、协助保教主任组织、协调、督促、检查保教人员落实岗位职责，做好本年段保教人员学年考核、总结工作。

四、了解本年段各班班级工作开展情况，及时与各班教师交流，向保教主任反馈。

五、组织、安排本年段教师业务学习、集体备课及年段会议，并做好出勤和会议记录。

六、组织、安排本年段节庆活动、外出参观、环境创设、运动会等班际、年际活动，并及时收集相关资料，撰写上网信息。

七、组织、指导年段教师做好家长会、家长开放日、家访等各项家园联系工作，拟订、发放相关通知、邀请函等。

八、了解、评析本年段幼儿发展情况，为新学期制订年段工作计划、调整年段月工作重点提供依据。

九、汇集、整理本年段保教工作档案材料。

班主任职责

一、根据幼儿园教育教学工作计划、年段工作计划及本班幼儿实际，制订班级工作计划。

二、协调本班保教人员的工作，形成积极主动、团结协作的工作作风。

三、协助年段长组织、协调本班保教人员履行岗位职责，配合园部指导、考核保育员工作。

四、安排、落实本班节庆活动、外出参观、对外观摩等重大活动的具体事宜。

五、有计划、有针对性地采用多种形式开展班级家园互动工作。

六、配合年段长开展年段、班级工作，及时反馈、交流班级工作情况及存在的问题。

七、评析幼儿学习与发展情况，总结学期班级工作情况。

八、负责本班财产保管与班费使用，汇集、整理班级档案材料。

教师职责

一、关爱幼儿，尊重幼儿人格，坚持正面教育，平等对待每一位幼儿。

二、根据《幼儿园教育指导纲要（试行）》《3－6岁儿童学习与发展指南》，结合园部对保教工作的要求及本班幼儿的实际，落实教育教学工作计划，并进行动态调整。

三、及时观察、分析、记录幼儿学习与发展情况，不断反思和调整活动计划，为幼儿创设良好的精神环境和物质环境。

四、严格执行幼儿园安全、卫生保健制度，指导保育员履行岗位职责，做好常规保育和卫生安全工作。

五、树立为家长服务的意识，遵循尊重、平等、合作的原则，充分挖掘和利用家长教育资源，与家长共同探讨符合幼儿特点的教育策略，实现家园同步教育。

六、积极参与幼儿园课改工作，开展各项园本研训活动，总结教科研成果。

七、与保育员共同管理好幼儿物品及班级财产，保证幼儿活动环境安全、卫生、整洁。

八、定期接受有关管理人员的检查和指导，不断改进工作方法，提高教育教学质量。

制度与规定

日常保教工作制度

一、根据《幼儿园教育指导纲要（试行）》《3—6岁儿童学习与发展指南》精神及幼儿园教育教学实际，有目的、有计划地开展保育教育工作。

二、拟订保教工作计划及阶段性工作重点，有计划地组织开展幼儿园保育教育活动，并在实施过程中灵活调整。

三、定期开展集体备课、专题研讨、观摩互动、经验分享等活动，促进教师保教能力的提高。

四、专业引领团队定期对保育教育活动进行常规性、过程性指导，不断夯实和提高幼儿园保教质量。

五、班级保教人员定期召开班务会，共同商讨日常保教、家园协作及班级管理等各项工作，扎实有效地开展日常保教工作。

六、通过家教宣传栏、网络互动平台等，及时呈现和发布幼儿园及班级开展的保育教育活动资讯，让家长了解幼儿园的课程理念、内容及实施路径等。

七、通过亲子活动、家长开放日、家长会、家访、家长学校等方式，定期开展家园共育活动，更新家长教育观念，密切家园协作，共促幼儿发展。

八、做好各项保教活动的素材收集工作，及时总结保教工作经验，并定期进行归类、整理、归档。

幼儿园一日生活常规

依据《福建省幼儿园保育教育活动常规》，结合幼儿园保育教育具体实际，灵活调整幼儿一日生活常规，使之更加科学、合理、有效。

活动 \ 人员要求	幼 儿*	教 师	保育员
晨间活动	• 乐意接受医务人员的晨间检查。 • 能向教师和同伴问好，并与家长道别。 • 能按要求插放晨检牌，将自己的物品放到指定位置。 • 自主、愉快地参与晨间活动，有序取放活动材料。 • 中大班做好值日生工作。	• 热情接待幼儿和家长。 • 关注幼儿的情绪，观察了解幼儿健康情况，检查幼儿有无携带不安全物品。 • 指导幼儿按要求插放晨检牌和摆放自己的物品。 • 提前准备和投放适宜的晨间活动材料。 • 引导幼儿自主参与晨间活动，并有针对性地进行个别教育与指导。 • 指导个别幼儿做好值日生工作（照顾自然角、更换日历、预报天气、摆放杯巾等）。 • 做好幼儿健康状况、点名等记录工作。	• 开窗通风，做好活动室内外清洁、安全检查以及幼儿毛巾、餐具等的消毒工作。 • 协助教师接待家长和幼儿。 • 协助指导幼儿有序地摆放物品。 • 协助指导个别幼儿做好值日生工作（照顾自然角、更换日历、预报天气、摆放杯巾等）。

人员要求＼活动	幼　儿*	教　师	保育员
户外活动	·在教师的提醒下，做好户外活动前的准备（系鞋带、脱衣服等）。 ·积极、愉快地参加户外活动（体育活动、户外游戏、散步观察等），能与同伴协商、轮流、合作进行各项户外活动，能克服困难，有一定的坚持性。 ·做操时情绪愉快，精神饱满，动作协调有力。 ·能正确使用各种体育器械，并有序取放。 ·喜欢玩各类体育游戏。 ·遵守户外活动规则，具有自我保护意识。 ·上下楼梯或走台阶时，不拥挤，不碰撞。	·保证每日2小时的户外活动时间（严寒酷暑季节可酌情增减），其中户外体育活动1小时，活动形式多样。 ·注重对幼儿进行安全教育和规则教育，引导幼儿学习避开危险和掌握基本的自我保护方法，及时处理户外活动中的偶发事件，在整个活动过程中对所有幼儿给予必要的监护。 ·观察幼儿活动情况，注重个别差异，鼓励幼儿在活动中克服困难，注重培养幼儿坚持、勇敢、合作等品质。 ·合理编排幼儿早操，领操时精神饱满、动作规范，同时关注和指导幼儿做操。 ·有序组织、指导幼儿体育游戏和器械活动，活动内容与强度适宜。 ·提醒幼儿动静交替、调整活动量并及时增减衣服。 ·引导幼儿正确使用和有序整理各种体育器械。	·协助教师做好幼儿活动前的准备（服装调整、材料投放、场地布置、安全检查等）和活动后器械、材料的整理工作。 ·配合教师组织幼儿开展户外活动并协助处理偶发事件。 ·提醒幼儿注意安全，关照体弱幼儿，及时引导和帮助幼儿增减衣服。

活动	人员要求	幼儿*	教师	保育员
生活活动	饮水	• 主动饮水，保证饮水量。 • 注意安全，有序取水，不拥挤，正确开关饮水桶或饮水机。 • 饮水后将杯子放回原处。	• 为幼儿自主饮水创设条件，保证幼儿有足够的饮水量。 • 引导幼儿在起床、运动后，离园前有序安全地取水和饮水，不浪费水。	• 为幼儿提供清洁卫生、温度适宜、充足的饮用水。 • 协助教师指导幼儿有序安全地取水和饮水。 • 提醒有特殊需要的幼儿适时适量饮水。
	如厕	• 能主动如厕，大小便自理，有困难时能寻求帮助。 • 便后洗手，能有序整理衣裤。	• 鼓励幼儿自主如厕。 • 指导幼儿正确使用手纸，有序整理衣裤。	• 准备好便于幼儿取用的手纸，指导幼儿正确擦便，便后洗手。 • 帮助有困难的幼儿擦便、整理衣裤。 • 及时为遗尿、遗便的幼儿清洗，更换衣裤。 • 保持盥洗室清洁卫生，保证干爽、无污垢、无异味。
	盥洗	• 食前、便后、运动后、手脏时能主动洗手，掌握正确的洗手方法（卷起衣袖→拧开水龙头→打湿双手→抹上肥皂→搓手心、手背、手指→冲洗干净→关上水龙头→把手甩干→用毛巾擦干→放下衣袖），不玩水。	• 指导幼儿正确、有序地盥洗。 • 教育和提醒幼儿节约用水。	• 为幼儿准备便于取用的洗手液、肥皂等清洁用品。 • 协助教师引导幼儿正确、有序盥洗，适时帮助能力弱的幼儿。 • 提醒幼儿不玩水，保持地面、衣服干爽。

活动	人员要求	幼儿*	教师	保育员
生活活动	餐点	• 能做好值日生工作，帮助保育员老师铺桌布，分发餐具、毛巾、食物等。 • 不挑食，愉快、安静地吃完自己的一份饭菜或点心，将食物残渣放在指定处，保持桌面、地面和衣服的整洁。 • 正确使用餐具，能用毛巾擦嘴，咽下最后一口饭菜再离开座位，并将餐具归类放好，及时漱口。	• 餐前避免让幼儿剧烈运动，组织幼儿按时进餐。 • 营造愉快、安静的进餐氛围，培养幼儿独立进餐能力。 • 根据幼儿的进食量添加适量食物，关注偏食、体弱及有特殊需要的幼儿，鼓励幼儿吃完自己的一份饭菜。 • 提醒幼儿餐后清理桌面，归类摆放餐具，及时漱口、擦嘴，养成文明进餐的习惯。 • 组织幼儿开展餐后安静活动（图书阅读、棋类游戏、散步观察等）。	• 指导值日生做好餐前准备工作。 • 按照食品卫生要求，提供冷热适宜的食物，规范放置和分发餐点。 • 根据幼儿进餐情况，适时适量添加食物，关注个别特殊幼儿。 • 协助教师引导幼儿餐后归类摆放餐具，及时漱口、擦嘴。 • 餐后按要求做好餐具、餐巾和桌面的清洁消毒工作，保持活动室整洁。
	午休	• 安静进入寝室。 • 按顺序脱衣服（脱鞋袜→脱裤子→脱上衣）并摆放在指定位置。 • 盖好被子，保持自然的睡眠姿势。 • 遵守午休规则，不影响同伴休息。 • 起床能按顺序穿衣服（穿上衣→穿裤子→穿鞋袜），整理仪表。 • 学习叠被，将枕头、被子摆放整齐。	• 提醒幼儿睡前如厕，安静进入寝室，不将小玩具等不安全的物品带入寝室。 • 指导幼儿按顺序脱衣服并整齐摆放。 • 做好交接班及记录工作。 • 提醒幼儿起床时按顺序穿衣服，整理仪表。 • 指导幼儿整理床铺。	• 午休前放下窗帘，适当开窗，保持室内空气流通、温度适宜。 • 引导幼儿遵守午休规则，观察幼儿午休情况，关注身体不适幼儿，发现异常及时报告。 • 耐心帮助入睡困难的幼儿尽快入睡，及时提醒易遗尿的幼儿排尿，帮助幼儿盖好被子。 • 提醒幼儿起床时有序穿衣，整理床铺。 • 做好寝室卫生及消毒工作。

人员要求＼活动	幼　儿*	教　师	保育员
集中教育活动	• 参与资料收集和环境创设等活动。 • 与环境、材料、教师及同伴互动，用多种方式表达自己的想法和经验，尝试解决问题。 • 注意倾听，保持正确的坐、立及握笔姿势，有序地取放和保管自己的学习用品。	• 注重周、月、学期课程内容安排的适宜性和均衡性。 • 根据教学计划做好活动准备（经验准备、活动材料、情境创设、座位调整等）。 • 运用适宜的组织形式和多样的教学手段组织教学活动，营造平等、融洽的氛围，启发支持幼儿主动学习，促进幼儿与教师、同伴有效互动并有效使用材料。 • 观察了解幼儿的学习情况，在面向全体幼儿的同时，有针对性地进行个别指导。 • 鼓励幼儿积极参加学习活动，培养幼儿良好的学习品质。（1. 学习态度：①有好奇心和学习兴趣；②做事积极主动；③乐于想象和创造。2. 学习行为与习惯：①做事专注；②有一定的坚持性和责任感；③有一定的计划性；④能思考自己做过的事并从经验中学习） • 适时反思，根据幼儿情况，随机调整教学行为和活动方案。	• 协助教师做好活动前后的准备及整理工作，保持活动环境整洁。 • 协助教师指导和帮助个别幼儿。 • 配合教师处理活动中出现的偶发事件。

人员要求＼活动	幼 儿*	教 师	保育员
区域活动	• 在教师指导下参与区域活动环境创设，与教师共同制订活动规则。 • 按意愿进区选择材料，自主操作，有序取放活动材料。 • 遵守区域活动规则，不影响同伴活动。 • 专注活动，分享经验，尝试解决问题。 • 活动后主动收拾活动材料，乐于分享经验。	• 保证区域活动时间，每周不少于 3 次，每次幼儿活动时间约为 30—50 分钟（小班约 30 分钟，中班约 40 分钟，大班约 50 分钟）。 • 合理规划活动区域（操作区、语言区、科学区、数学区、美工区、结构区等），活动内容丰富。 • 围绕目标提供适宜的操作材料，注意材料的安全性、操作性、层次性、趣味性等，并根据幼儿的活动情况及时调整和更换。 • 鼓励幼儿自主选择活动内容，引导幼儿专注、持续活动，遵守活动规则。 • 观察了解幼儿活动情况，及时进行有针对性的指导。 • 引导幼儿有序取放和整理活动材料。 • 活动后根据需要组织幼儿讲评，提升幼儿的经验。	• 保证活动材料安全、卫生。 • 协助教师指导和帮助幼儿开展活动。 • 协助整理区域环境及活动材料。

人员 要求 活动	幼 儿*	教 师	保育员
游戏活动	•与教师、同伴共同创设游戏活动环境，准备游戏材料及制订游戏规则。 •自主选择游戏主题、材料及同伴，创造性地进行游戏。 •与同伴合作游戏，尝试解决游戏过程中出现的问题，分享游戏经验。 •有序取放游戏材料，整理游戏场地。	•保证幼儿创造性游戏（角色游戏、结构游戏、表演游戏）时间每周不少于3次，每次幼儿游戏活动时间为40—60分钟（小班约40分钟、中班约50分钟、大班约60分钟）。 •合理安排游戏场地，提供适宜、丰富、能满足幼儿游戏需要的材料，并根据幼儿游戏的情况及时调整和更换。 •尊重幼儿游戏意愿，鼓励幼儿自主游戏，大胆想象、创造，与同伴协商、合作游戏，分享经验。 •观察了解幼儿游戏情况，分析幼儿游戏行为，支持和推进幼儿游戏的开展。 •引导幼儿有序取放游戏材料，整理游戏环境。 •及时反思、调整，以多种方式丰富幼儿的经验。	•做好游戏材料的消毒工作，保证游戏材料安全、卫生。 •协助教师做好游戏材料投放、场地设置等准备工作，以角色身份参与幼儿的游戏。 •协助整理游戏环境及游戏材料。

人员＼活动＼要求	幼　儿*	教　师	保育员
离园活动	• 整理仪表，携带好自己的物品。 • 将椅子、玩具等归位摆放。 • 向教师和同伴道别。	• 组织幼儿回顾一日活动主要内容，安排交流分享、欣赏故事等安静活动。 • 指导幼儿整理仪表，提醒幼儿带好物品，有礼貌地与教师、同伴道别。 • 热情接待家长，与家长进行简短沟通。 • 遇到非委托人接幼儿，及时与家长取得联系，待确认后方能让其接走幼儿。 • 将个别留园幼儿送交值班人员，并做好交接班记录。 • 整理活动室，关好门窗、水电。	• 协助教师做好幼儿仪表、物品整理等离园前准备工作。

* "幼儿"栏目提出的要求是指大班阶段幼儿应达到的基本行为要求，实施时应针对不同年龄阶段幼儿的特点和实际，循序渐进地落实。

幼儿一日生活作息安排

一、小班幼儿一日生活作息安排

上午

8:00—8:50　　　晨间活动

8:50—9:20　　　体育分组活动、早操活动

9:20—9:45　　　盥洗、早点

9:45—10:30　　 活动区游戏/功能室活动/主题活动/领域活动（选1—2项）

10:30—10:50　　自由活动、餐前准备

10:50—11:45　　午餐、散步

11:45—14:30　　午休准备、午休

下午

14:30—14:55　　起床、饮水

14:55—15:25　　体育游戏、体育分组活动

15:25—15:50　　盥洗、午点

15:50—16:25　　活动区游戏

16:25—16:45　　离园准备、离园

二、中班幼儿一日生活作息安排

上午

8:00—8:30　　　晨间活动

8:30—9:15　　　体育分组活动、早操活动/混龄区域性体育活动

9:15—9:35　　　盥洗、早点

9:35—10:45　　 活动区游戏/功能室活动/主题活动/领域活动（选1—2项）

10:45—11:00　　自由活动、餐前准备

11:00—11:45　　盥洗、午餐、散步

11:45—14:30　　午休准备、午休

下午

14:30—14:50　起床、饮水

14:50—15:35　活动区游戏

15:35—15:50　盥洗、午点

15:50—16:20　体育游戏、体育分组活动

16:20—16:40　离园准备、离园

三、大班幼儿一日生活作息安排

上午

8:00—8:30　晨间活动

8:30—9:15　早操活动及体育分组活动/混龄区域性体育活动

9:15—10:00　盥洗、自主早点

9:15—10:45　活动区游戏/功能室活动/主题活动/领域活动（选1—2项）

10:45—11:00　自由活动、餐前准备

11:00—11:45　盥洗、午餐、散步

11:45—14:30　午休准备、午休

下午

14:30—14:50　起床、饮水

14:50—15:25　体育游戏、体育分组活动

15:25—15:40　盥洗、午点

15:40—16:35　活动区游戏

16:35—16:50　离园准备、离园

备注：各年段、班级可根据季节变化和幼儿实际活动情况适当调整。

教师配班环节及要求

		小班	中班	大班
配班时间	上午	8:15—8:40 晨间活动 9:45—10:15 活动区游戏 11:00—11:30 午餐 11:00—12:00 午餐、午休准备（入园初期）	8:15—8:30 晨间活动 10:10—10:45 活动区游戏 11:15—11:30 午餐	8:15—8:30 晨间活动 10:00—10:45 活动区游戏
	下午	14:40—14:55 起床、饮水（入园初期） 16:00—16:25 活动区游戏 16:25—16:45 离园准备、离园	15:00—15:30 活动区游戏 16:20—16:40 离园准备、离园	15:50—16:35 活动区游戏 16:35—16:50 离园准备、离园
配班教师要求		教师在以下活动环节配班，协助当班教师组织开展活动。 1. 晨间活动：稳定个别幼儿情绪，与家长交流幼儿情况。 2. 活动区游戏：观察了解并支持、推进幼儿活动的开展，引导幼儿有序取放活动材料，整理活动环境。 3. 午餐：照顾幼儿进餐，引导幼儿餐后整理。 4. 离园准备、离园：整理幼儿仪表，与家长反馈个别幼儿在园情况及家长需配合的事宜。		

备注：各年段、班级根据季节变化和幼儿实际活动情况作适当调整。

实操表格

保教工作检查指导记录表

时　间		管理者	
内　容			
班　级	活动情况		指导建议

教学活动指导记录表

指导者：

时　间		班　级		教　师	
内　容					
主要情况及指导建议					

班务（年段）会议记录表

班级（年段）： 　　　　　　　　　　　　　　日期：

参加人员：

主要内容：

班务会情况一览表

(　年　月— 　年　月)

班级：

日期	参加人员	主要内容

教师观摩活动记录表

教师：

日期	内　容	执教者	园　所
主要收获及建议			

第二节 家长工作

岗位职责

家长委员会主任职责

一、在园长的领导与指导下,全面负责幼儿园家长委员会工作。

二、参与幼儿园管理,共同商讨幼儿园重大活动方案,为幼儿园发展出谋划策。

三、根据幼儿园工作计划及家长工作需要,定期或不定期组织召开家长委员会会议。

四、自觉学习教育法律法规及《幼儿园教育指导纲要(试行)》《3—6岁儿童学习与发展指南》等,树立正确的儿童观、教育观。

五、带动家长委员会委员,积极挖掘家庭、社区、社会教育资源,为幼儿园建设和发展提供支持与服务。

六、协助幼儿园做好对外宣传工作,扩大幼儿园的社会影响力和知名度。

家长委员会委员职责

一、关心、支持幼儿园发展，定期了解幼儿园教育教学、后勤管理等各项工作，并提出合理化建议。

二、发挥幼儿园与家长、幼儿园和社区之间的桥梁和纽带作用，及时和幼儿园交流沟通，提供和反馈相关信息。

三、带头参加幼儿园组织的各类家长会议，参与幼儿园节庆、外出等重大活动的策划、组织与协调工作，并带动班级家长积极参与。

四、支持家长委员会主任工作，共同协助幼儿园开展各项家园互动活动，宣传正确的教育理念、科学的育儿方法。

五、积极挖掘家庭、社区、社会的教育资源，为幼儿园各项工作提供支持与服务。

制度与规定

家长工作制度

一、每学年成立新一届班级、幼儿园家长委员会，组织召开1－2次会议，充分发挥幼儿园、年段、班级家长委员的作用。

二、每学年向家长开设1－2场教育讲座，根据班级情况和幼儿学习与发展需要，每学期召开1－2次班级家长会或家教经验交流会。

三、每学期向家长开放1－2次半日活动，包含园际、年际活动及亲子活动等。

四、每学期出2－4期家长宣传栏或家园简报。

五、日常通过交谈、电话、便签、家园联系栏、网络平台等多种形式，做好家园互动工作，定期通过《幼儿发展情况手册》，交流和反馈幼儿近阶段学习与发展情况。

六、对新入园幼儿进行全面家访，其他幼儿可通过面谈、电话、邮件等方式有针对性地进行访谈，有特殊需要的幼儿或有突发事件应随时家访。

七、挖掘和利用家庭教育资源，鼓励家长积极参与幼儿园、年段及班级家长助教或家长志愿者活动。

八、虚心听取家长对幼儿园或班级工作的意见和建议，及时做好沟通与协调工作。

家长委员会章程

第一条 为了充分发挥家庭教育的作用，有效开展幼儿园各项工作，促进家庭教育和幼儿园教育的协同发展，促使家园密切协作，形成合力，为幼儿的终身发展奠定坚实的基础，特成立家长委员会。

第二条 家长委员会是非行政性的组织，附设于幼儿园，履行咨询、信息、参谋、议事等职责。

第三条 家长委员会的任务。

1. 让家长了解幼儿园的工作计划和要求，拓宽家庭和社区教育渠道，协调幼儿园与家庭、教师与家长之间的关系，增强幼儿园与家庭之间的凝聚力。

2. 反馈幼儿园和家庭的双向信息，对幼儿园管理、服务和教育教学等工作提出合理化建议，提升幼儿园办园质量。

3. 配合幼儿园提高家长的教养水平，协同幼儿园组织开展各项家庭教育活动，促进幼儿全面和谐、富有个性地发展。

第四条 家长委员的条件。

1. 具有正确的教育观念，热心幼儿教育，有较强的服务意识。

2. 具有一定的组织协调和语言表达能力。

3. 责任心强，公平公正，能辩证地看待与处理问题。

4. 有一定的时间与精力承担家长委员工作。

第五条 家长委员会的组织形式。

1. 家长委员由家长自荐和教师推荐，经幼儿园审定后产生。

2. 家长委员会设主任一名、副主任三名（每个年段各一名），组成主任委员会。

3. 中途如有委员退出，由幼儿园向家长委员会提出增补建议人选，家长委员会审定通过。

4. 家长委员会委员任期三年，期间可改选也可连任。

第六条 家长委员会每学期召开一次例会，听取幼儿园工作报告，了解幼儿园各阶段的工作重点，研讨本学期家长委员会的工作内容与形式；根据幼儿园和家长工作需要，不定期召开家长委员会会议。

第七条 设立家长委员会信箱，定期收集、反馈相关信息。

第八条 本章程由家长委员会讨论通过，报幼儿园备案。

家长学校制度

一、开设家长学校，帮助家长树立正确的教养观念和科学的教养方法，有效提升家教质量，促进幼儿身心全面和谐发展。

二、根据不同年龄段家长的实际需求，有计划、有针对性地面向全园、年段或班级家长，组织开展内容丰富、形式多样的家教指导活动，每学期1—2次。

三、聘请园内外学前教育专家、儿童保健专家、资深园长和优秀骨干教师等，承担家长学校授课任务，并做好活动前后的交流、准备、反馈等工作，确保家长学校的质量。

四、组织家长积极参加家长学校开展的各项活动，各班教师认真做好活动的通知、记录及家长考勤工作。

五、积累家长学校有关资料，包括计划、总结、记录、照片等，并将其分类归档整理。

实操表格

幼儿园家长委员会成员一览表

班级	幼儿姓名	家长姓名	家长工作单位及职务	家庭住址	联系电话

幼儿园家长工作一览表

(　年　月— 　年　月)

时间	内容	主讲或主持	参加人员	地点

家长委员会会议记录表

日期：

出席人员：

主要内容：

家庭教育咨询记录表

年　　月　　日

班级		幼儿姓名		家长姓名	
称谓		工作单位		联系电话	
咨询问题					
问题解答					
备注					

专家签名：

家长访谈记录表

班级：　　　　　　　　　　　　　　　　　　　　　　教师：

时间	幼儿姓名	访谈情况	家长称谓	地点

家长会情况记录表

班级：　　　　　日期：　　　　　教师：

家长出席人数：

主要内容：

第三节　教育教研

岗位职责

课题指导教师职责

一、根据幼儿园课题研究方案，全程指导课题计划拟定、组织实施、成果展示、档案资料收集等研究工作。

二、在与教师交流、互动的基础上，依据研究情况指导教师调整、完善课题计划。

三、针对课题研究过程情况及需要，适时、有效地指导教师开展观摩、研讨、总结等活动。

四、及时向园部反馈教师课题研究情况，增进课题指导教师之间的分享、交流，提出推进幼儿园课题研究的建设性意见、建议。

课题组组长职责

一、根据幼儿园教科研计划，在与课题组成员互动的基础上，拟订课题研究计划及阶段研究重点，并依据研究情况及时调整、完善计划。

二、组织课题组成员实施课题研究计划，每月至少开展1—2次观摩、研讨、分享等活动，并做好记录工作。

三、负责收发和整理课题组成员的有关研究材料，及时向指导教师反馈课题研究情况，协助教研主任管理、协调课题实施过程。

四、以多种形式总结、交流、推广课题组研究成果。

五、及时做好课题组工作总结及档案整理工作。

制度与规定

教科研工作制度

一、根据《幼儿园教育指导纲要（试行）》《3—6岁儿童学习与发展指南》精神，结合国家、省级研究课题及幼儿园教育教学实际，有目的、有计划地开展教科研活动。

二、拟订教科研活动计划及阶段工作重点，并在实施过程中灵活调整，及时总结、反思教科研活动情况，为下阶段开展教科研工作提供依据。

三、融教、学、研、训为一体，定期开展专题讲座、参与式研讨、开放活动、经验分享等学习与研讨活动，促进教师教科研能力提高。

四、聘请有关专家引领教科研各项工作，幼儿园专业引领团队定期对教科研工作进行过程性指导，不断提升幼儿园教科研水平。

五、开展多层次的继续教育及课题研究活动，并对活动情况进行调整、反馈、认定。

六、及时总结教科研经验，完成课题研究结题工作，定期汇编幼儿园课改成果，通过教育刊物、学术研究会等平台呈现教科研成果。

七、定期对教职工的教科研成果进行认定、奖励。

八、做好各项教科研活动的素材收集工作，并定期进行归类、整理、归档。

教科研经费支出的有关规定

一、聘请专家指导。

指导项目	指导费
指导开题报告	
现场指导开放活动、课题研究	
修订研究成果	
开设讲座	
指导专业技能大赛	

二、园内讲座。

职称	面向同行、家长		面向教师	
	60—90 分钟	90—120 分钟	60—90 分钟	90—120 分钟
高教教师（小中高）				
一级教师（幼高）				

三、开放活动（半日、集中、区域、游戏）。

级别	奖励金	备注
国家级		
省级		指导按加班给予加班补贴
省直、市级		
校、区级		

四、跟班培训。

五、成果奖励。

六、专业技能大赛。

级别	等级			备注
	一等奖	二等奖	三等奖	单项奖按奖励金的一半计算。 如组织单位已发给奖励金，幼儿园不再另发或补足。
国家级				
省　　级				
省直、市级				
校、区级				

七、根据课题需要适当投入教科研资料及设备资金。

八、根据课题研究时间、课题组成员工作量及成效等，给予课题组成员适当奖励。

教科研成果奖励的有关规定

一、论文
1. 在各级刊物发表

等级 \ 奖金 \ 字数	2000—4000 字（4000 字以上适当增加）	2000 字以下
有 CN 刊号的正式刊物		
省级内刊、CN 增刊		

2. 进入各级汇编

等级 \ 奖金 \ 字数	2000—4000 字（4000 字以上适当增加）	2000 字以下
国家级		
省级		
省直、市级		
校、区级		
园级		

3. 获各类奖

等级 \ 奖金 \ 字数	一等奖	二等奖	三等奖	其他奖
国家级				
省级				
省直、市级				
校、区级				

二、案例、随笔、课件、教玩具等
1. 在各级刊物发表

等级　　奖金　　字数	2000－4000 字（4000 字以上适当增加）	2000 字以下
有 CN 刊号的正式刊物		
省级内刊		

2. 进入各级汇编

等级　　奖金　　字数	2000－4000 字（4000 字以上适当增加）	2000 字以下
国家级		
省级		
省直、市级		
校、区级		
园级		

3. 获各类奖

等级　　奖金　　字数	一等奖	二等奖	三等奖
国家级			
省级			
省直、市级			
校、区级			

三、书籍
四、画册

实操表格

课题研究指导协议

指导教师	姓名		指导时间	
	职称			
指导对象				
主要指导内容				
指导教师签名		指导对象签名		
协议签订时间		幼儿园意见		

课题研究指导记录表

指导者：

时间		班级		教师	
内容					
主要情况及指导建议					

第四节　专业成长

岗位职责

带教教师职责

一、针对青年教师的特点及实际,拟订适宜、有效的青年教师"手拉手"计划。

二、帮助青年教师提高师德修养,端正工作态度,主动与青年教师谈心,了解其思想动态,及时给予指导帮助。

三、指导青年教师参与或独立承担班级管理工作,科学合理安排、组织一日活动,与保育员密切配合,营造和谐的班级氛围,形成良好的班级常规。

四、指导青年教师开展课题研究,撰写论文、案例、教育随笔等。

五、每月跟班听课不少于2次,并做好分析、反馈、记录。

六、指导青年教师承担对外开放任务。

七、指导青年教师每学期面向园内开放观摩活动。

八、指导青年教师制订周活动计划表、教育教学活动计划及教师专业成长规划。

九、指导青年教师做好家园互动工作。

十、建立指导青年教师过程性及成果资料档案(指导计划、听课记录、教育教学活动计划、开放活动计划、课题研究成果、讲座PPT等)。

青年教师职责

一、认真履行教师职责，尊重、关爱每一个幼儿。

二、积极主动地参加园内外各级各类培训学习，5年内需达到本专业本科学历。

三、每周跟班观摩学习2次，并做好相关记录。

四、认真制订周活动计划表及教育教学活动计划。

五、合理组织一日活动，努力创设与教育相适应的环境，注重培养幼儿良好的行为习惯及活动常规。

六、积极配合班主任或担任班主任开展班级工作，努力做好家园联系工作。

七、主动接受指导，及时反思与调整自身的教育行为。

八、根据园部需要，承担对外开放任务，每学期面向园内开放观摩活动、展示活动。

九、积极主动参与各种形式的岗位练兵活动。

十、积极参与园本教研活动，每学年撰写不少于6篇的教育随笔、活动案例等。

制度与规定

幼儿园教师专业成长要求

一、教龄在 1—6 年的教师：能够模仿成功的教育教学经验，开展日常教育教学工作；制订详细的教育教学活动计划；参与各项继续教育学习；接受随堂听课和随机检查、指导；在园内开放展示活动；学习撰写教育随笔和活动案例、点滴经验等。

二、教龄在 7—12 年的教师：能够在吸纳最新研究成果的基础上，开展日常教育教学工作；关注幼儿的发展，关注问题的解决；参与园部规定和与自身课题研究有关的继续教育学习；在园级以上范围开放展示课；能及时总结，撰写有一定水平的案例、论文等。

三、教龄在 13—20 年的教师：在吸收、借鉴优秀成果的基础上，能够创造性地开展和指导日常教育教学工作；能研究幼儿，有效地解决问题；参与园部规定和与自身课题研究有关的继续教育学习；在区级以上范围开放示范课；及时总结，撰写较高水平的案例、论文等。

四、教龄在 20 年以上的教师：能够创造性地开展和指导日常教育教学工作；自主选择继续教育学习内容；能够主持课题研究、开展对外培训；及时总结，撰写高水平的案例、论文等。

教职工参加继续教育的有关规定

为了更好地落实我园教职工继续教育工作，特拟定以下继续教育的有关规定。

一、依据上级有关部门文件精神，结合幼儿园实际，根据继续教育内容及教职工专业发展需求，由行政办公会议研究确定拟派参加的人员，并报学校分管领导审批。

二、参加继续教育的教职工有义务以传达、观摩等形式，及时交流、推广所获取的信息、经验。

三、教职工所报考的学历提高专业，原则上应与本专业有关；幼儿园可根据需要及本人申请，批准教师参加中文、英语、计算机等专业的报考；未经幼儿园认可的专业，在不影响正常工作情况下，同意教师报考。

四、经园部选派脱产参加继续教育的教职工，在学期间基础性工资、奖励性工资及考核奖照常发放；由个人申请，经园部批准脱产参加继续教育的教职工，在学期间基础性工资照常发放，奖励性工资和考核奖按在岗实际情况发放，脱产3个月以上者，奖励性工资和考核奖取消。

五、参加学历考试的教师，在不影响工作的前提下，可在考前一周不带班的时间温书，培训学习或考试时间不计入补休假。

幼儿园继续教育课时认定标准

教育形式	级别	数量/时间等	认定学时
听讲座、观摩活动等	园外	半天	4
业务学习	园内	一学年	20
论文发表	省级以上（限第一、二作者）	2000字以上文章1篇	60
		3000字以上文章1篇	72
活动案例（教育随笔）发表	省级以上（限第一、二作者）	2000字以上文章1篇	30
		3000字以上文章1篇	40
教科研成果（论文、案例、课件等）	省级三等奖，市、厅级二等奖	1篇	72
参与书籍编写（个人专著出版）	省级以上	3万字以上	72
在学术会议上宣读论文	省级以上		72
开设讲座	厅级以上	6小时以上（同内容讲座不重复）	72
研究课题	市、厅级以上	主要负责人（前3名）	72
学历进修	函大、职大、业大、刊大、电大、自考	每门成绩合格或当年取得"良"以上结业证书	72
青年干部外语考试	省级	成绩合格并获得证书（高、中级专业技术人员应取得外语中级证书）	72
计算机等级考试	国家级	一级B类以上考试成绩合格，并获得证书	72
全脱产进修、培训学习		3个月以上，考试成绩合格	72

指导与被指导教师的有关规定

一、指导要求

1. 实行指导者负责制，按规定的时间、内容、要求，指导方案确定、过程实施、总结经验全过程。

2. 指导者根据被指导者的需要进行指导，并及时反馈指导过程中出现的问题，提出合理化的意见或建议。

3. 被指导者应定期或不定期向指导者反馈实施情况，寻求帮助与支持。

二、选择办法

1. 采用双向选择的办法确定指导者与被指导者，特殊情况由园部指派、选定。

2. 指导者必须由具有指导水平的教师承担，可在园内或园外选择。园部可根据工作需要，有针对性地帮助选择园外指导教师。

3. 就某一项活动，被指导者可根据需要选择多个指导教师，但一般不超过两个。

三、选择范围

1. 园内活动——指导者可在二级（原幼儿园一级）教师或园级骨干以上教师中选择。

2. 区、市级活动——指导者可在一级（原幼儿园高级）教师或区、市级骨干以上教师中选择。

3. 省级、国家级活动——指导者可在高级（原小中高）教师或省级骨干以上教师中选择，特殊情况可根据教师专长跨级别选择。

四、成果认定

1. 指导效果如何需由被指导者和园部认定。

2. 指导成果由指导者与被指导者共同署名。

3. 根据成果认定给予奖励（详见奖励条例）。

关于园级骨干教师申报培养及考评方案

一、申报幼儿园骨干教师的基本标准及评定方法

（一）基本标准

1. 热爱、尊重幼儿，日常教育教学工作扎实，班级幼儿发展良好，深受家长好评。

2. 具有二级（原幼儿园一级）教师职称，大专学历及以上。

3. 近五年考核至少一次被评为校（区）级以上先进教育工作者，其余达到"良"；所撰写的两篇论文或案例有一定的实践价值，至少进入园部汇编；近两年日常教育教学工作以及承担对外观摩（不限于集中教育活动）、指导园内外教师（含福建幼儿师范高等专科学校学生）等任务，效果良好。

（二）评定办法

1. 成立园部骨干教师领导小组（组长：园长；副组长：副园长、教研主任；组员：保教主任、总务主任、各年段长），负责幼儿园骨干教师培养对象的选拔及制订计划等工作。

2. 凡符合幼儿园骨干教师培养对象基本条件的教师，需填写《园级骨干教师培养对象评审申报表》。

3. 骨干教师培养对象每两年评定一次。

二、培养幼儿园骨干教师的具体措施

1. 教师可根据自身的特点，与园部共同拟定近期发展目标。

2. 以双向选择为前提，定人定向，定职定责实施"拜师计划"。（指导教师从本园、学校、外聘专家中产生）

3. 依据每位教师的研究领域，每学年有针对性地选派若干名教师参加理论及实践的培训学习，并提供必要的设备、资料（每学年赠送1—2本书籍）。

4. 与知名园所、专家取得联系，选派教师前往进行系统的脱产进修学习（每学年1—2周）。

5. 采取幼儿园之间、教师与教师之间相互提供、共享资源等形式，丰富

充实研究资料。

6. 通过多种形式（开放活动、研讨活动、开讲座等），让教师充分展示各领域的研究成果。

7. 定期请取得一定成效的指导教师与被指导教师交流经验，并加以推广。

8. 创造各种机会把教师推向社会，如向各级刊物、研讨会推荐论文，推举对外指导、开讲座等，发挥骨干教师的作用。

三、考评幼儿园骨干教师的基本标准及认定方法

（一）基本标准

1. 爱岗敬业，在日常保教、教科研工作中起示范、带头作用。

2. 两年内至少有1篇论文（案例）在园级以上汇编。

3. 在校（区）级以上范围至少开放1—2次观摩活动，且效果良好。

4. 具有一定的指导能力（符合以下其中一项条件）且指导效果良好：（1）担任年段长；（2）担任课题组组长；（3）重点跟踪指导一位教师；（4）指导园级以上教育教学活动不少于3次。

（二）认定办法

1. 填写《园级骨干教师培养对象考核认定表》，并提交相关材料。

2. 由幼儿园骨干教师培养对象所在年段，对其各方面情况进行综合评价。

3. 园部骨干教师领导小组，结合基本标准及年段评价，研究认定幼儿园骨干教师人选。

4. 每两年进行一次。

（三）鼓励方法

1. 授予荣誉证书，并公示表彰。

2. 优先参加学习进修与学术交流等活动。

园级以上骨干教师的权利与义务

一、权利

1. 优先参与学习进修与学术交流等活动。
2. 在年段长、课题组长等行政职务的选拔中，同等情况下优先安排。
3. 每学年享有幼儿园赠予的 1—2 种教育书籍。

二、义务

1. 爱岗敬业，在日常保教、教科研工作中起示范作用。
2. 积极参与幼儿园课程改革，能主持或开展课题研究。
3. 带头在一定范围内开放观摩活动及示范活动。
4. 具有一定的指导能力，能有效地对不同层次的教师进行指导，乐意承担对外培训活动。
5. 积极参与各类继续教育学习。
6. 及时总结，撰写教育论文及案例等。

实操表格

教师专业成长规划及评定表

(　年　月— 　年　月)

姓名		教龄		职称、职务	
个人规划（目标、措施）					

完成情况（自评）	
园部评定	
建议	

园级骨干教师培养对象评审申报表

年　月

姓　名		出生年月		职　称	
学　历		研究方向			

	题目	独（合）著	发表时间	级别	刊物名、刊号	字数	获奖情况
研究成果							

	时间	观摩内容、班级	观摩单位、对象	人数	效果
对外观摩					

	时间	指导内容	被指导单位、对象	人数	效果
指导教师					

	时间	表彰称号	授奖单位
表彰情况			

幼儿园骨干教师领导小组推荐意见	

园级骨干教师培养对象考核认定表

（　　年　月—　　年　月）　姓名：

考核内容	自评		园评
	简述	等级	
爱岗敬业，在日常教育教学中起示范、带头作用			
至少有1篇论文（案例）在园级以上汇编			
在校（区）级以上范围开放1—2次观摩活动			
具有一定的指导能力（符合以下其中一项条件）且指导效果良好： 1. 担任年段长 2. 担任课题组组长 3. 重点跟踪指导一位教师 4. 指导园级以上教育教学活动不少于3次			
总评			

考核说明：分A、B、C三个等级，其中A为优秀、B为合格、C为不合格。

园级骨干教师发挥示范、辐射作用考核评估表

年　　月

考核评估内容	自评		幼儿园复评
	考评内容简述	等级	
爱岗敬业，在日常教育教学中起示范、带头作用			
两年内至少有1篇论文（案例）在园级以上汇编			
每学年在校（区）级以上范围开放1－2次观摩活动，承担1－2次对外培训活动或主持1－2次园内教研活动，重点指导一位教师，且效果良好			
定期展示各类成果			
总评			

评估说明：1. 评估分 A、B、C 三个等级，其中 A 为优秀、B 为合格、C 为不合格。
　　　　　2. 每两年考核评估一次。

带教指导协议与评定

带教教师	姓名		青年教师	姓名		带教时间	
	职称			职称			

<table>
<tr><td rowspan="4">计划</td><td colspan="2">主要内容</td><td>主要形式</td></tr>
<tr><td>师德规范</td><td></td><td></td></tr>
<tr><td>日常保教及教科研工作</td><td></td><td></td></tr>
<tr><td>家长工作</td><td></td><td></td></tr>
</table>

带教教师签名		青年教师签名	

<table>
<tr><td rowspan="2">评定</td><td>自评</td><td>　

年　月　日</td></tr>
<tr><td>园评</td><td>　

年　月　日</td></tr>
</table>

带教教师指导情况记录表

时间		带教教师		青年教师	
班级		内容			
主要情况及指导建议					

青年教师观摩学习记录表

教师：

时间		班级		执教者	
内容					
活动主要情况					
收获与反思					

教师"手拉手"情况反馈表

指导教师：　　　　　　　　　　　　　　　　　时间：

被指导教师	指导内容

园部意见

第三章
幼儿园后勤管理

第一节 安全工作

岗位职责

安全保卫主任（兼任）职责

一．认真贯彻执行国家有关幼儿安全的法律法规和其他规定，根据安全领导小组会议精神，协助分管副园长负责幼儿园安全管理的具体工作。

二、协助园部健全综合治理安全保卫组织机构，完善各项制度及安全预案，确保不发生重大事件及突发性事件。

三、根据幼儿园工作计划，制订安全工作方案，组织实施并做好安全工作总结。

四、通过各种形式向幼儿、家长和全体员工宣传安全知识，树立安全防范意识。

五、定期组织各项安全检查工作，及时反馈，督促有关部门，对安全隐患进行整改。

六、遇到险情时，协助园部负责维持秩序，做好安全疏导、安置工作。

七、协助园部定期组织开展大型安全演练活动。

八、定期做好全体员工的安全责任状签订工作。

安全员（兼任）职责

一、认真学习有关法律和治安保卫常识，严格执行幼儿园各项安全制度，积极配合安保主任，维持园内秩序，做好安全保卫工作。

二、协助安保主任，定期进行全园性的专项安全检查工作，做好书面记录，并及时反馈。

三、做好每日安全常规检查并记录，将每日安全工作检查报告交由园长签字、批示，对检查中发现的安全隐患，及时上报安保主任，并联系相关人员进行检测、维修。

四、在幼儿入园、离园时段，协助保安和交通协管员，维持幼儿和家长的出入秩序，加强治安保卫工作，确保幼儿接送工作安全、有序。

五、遇到险情及时到岗，协助安保主任维持秩序，做好安全疏导及安置工作。

六、协助总务主任做好后勤保障与服务的其他工作。

保安员职责

一、严格执行安全保卫工作制度，认真履行职责，做好校园安全保卫工作，保障师幼的人身及财产安全。

二、热情为幼儿、家长及教职工服务，态度亲切，语言文明礼貌。

三、上班期间着统一的保安服装，佩戴橡皮警棍、辣椒水、强光手电等必备防卫器具装备，认真执勤。

四、坚守岗位，做好安全防范工作，严防幼儿独自外出和外人随意进入。

五、做好园门内外保卫工作，询查来访人员并做好来客登记工作，在认真核实对方身份、来访目的，确认无不良行为，经幼儿园相关部门同意后，方可让其入园。严禁无关人员、车辆和危险物品进入幼儿园。

六、做好幼儿在园期间的园内巡逻及节假日值班工作，配合幼儿园进行安全检查，发现园内的治安、安全隐患，应立即报告。

七、对幼儿园周边50米以内进行安全巡视，收集、掌握、报告幼儿园及周边的治安动态和信息。

八、幼儿离园时段，应提前到园门口与协管员共同疏导车辆、人流；发现可能对幼儿进行各种侵害的闲杂人员，应及时劝阻并做好安全防范工作。

九、参加园内外组织的安全保卫业务培训。

门卫职责

一、日值班人员

1. 严守岗位，做好安全防范工作，严防幼儿独自外出以及陌生人随意进入。

2. 严格遵守作息制度，按时开、关园门，做好来客登记和电话传呼工作。

3. 负责收发和保管幼儿园的报刊杂志和信件，重要信件应及时送达。

4. 大件物品出园，必须查阅有关部门证明，遇到紧急情况及时反馈园领导。

5. 做好各种车辆出入的管理，机动车辆未经允许不得进入园内。

6. 保持幼儿园大门口和接待室周围环境的卫生、整洁。

7. 节假日坚持巡视幼儿园，发现安全隐患及时解决，并向幼儿园相关领导报告。

8. 做好与夜值班人员的交接手续。

二、夜值班人员

1. 坚守岗位，不擅离职守。每晚巡视、检查各班门、窗、水电是否安全，并记录值班情况，发现问题及时处理、上报。

2. 每天等幼儿、家长及相关人员全部离园，锁上大门后，方可进行活动室、功能室的紫外线消毒工作。

3. 定期检查报警器，熟练掌握使用方法，发现事故及时上报并汇报园领导。

4. 做好与日值班人员的交接手续。

制度与规定

幼儿园建筑安全管理制度

一、建立健全幼儿园房屋档案管理制度，加强对园舍建筑图纸，以及供水、供电、供气设计图和施工图纸等资料的管理。

二、基建维修工程严格按国家规定进行报建或审批，待各种手续齐全后方可开工，手续不全的项目不得开工。

三、对在建工程，严格要求施工单位按照国家有关建筑施工的安全管理规程进行施工，并设立明显的警戒线和警示标志，禁止一切非施工人员进入施工现场。

四、幼儿在园期间，施工车辆不进出幼儿园，车辆不在园区内随意停放。

五、基建、维修工程竣工后报请有关部门进行验收，未通过验收的工程禁止使用。

六、加强对危房的日常管理和监控，发现危房应立即停止使用，并在周围设置明显标志，划定禁区，严防师幼及家长误入，确保安全。

七、提高对围墙、花台、窗台、墙体附属物及其他绿化设施的日常安全维护与管理意识。

八、每年寒暑假前各进行一次园舍建筑安全检查，发现问题应在开学前整改完毕。

安全值班制度

一、准时到岗，不得迟到、早退，坚守岗位，保证通信畅通并做好值班记录。

二、如有特殊情况未能到岗，需提前向办公室汇报，请求调整。

三、认真巡视园舍安全，发现问题应及时向有关领导报告并采取措施，及时处理。

四、督促门卫、保安员等做好相关的安全保卫工作。

五、熟悉校园消防、防盗等设施、设备，能熟练使用消防灭火器材。

六、安全使用电器等设施设备，用后及时关闭电源。

消防安全管理制度

一、坚持"以防为主,防消结合"的方针,按照"谁主管谁负责"的原则,切实做好消防工作,杜绝火灾事故。定期对师幼进行消防安全教育,加强师幼消防安全意识。

二、建立消防安全监督管理责任制,对违反消防安全制度的有关人员追究责任,并视情节轻重进行处理,直至追究法律责任。

三、配备齐全的消防器材,并保持性能良好有效,存放位置合理。任何部门、个人不得损坏或擅自挪用、拆除、停用消防设施、器材,不得埋压、圈占消火栓,不得占用防火间距,不得堵塞消防通道。

四、消防安全责任人、消防管理员等人员,按规定定期接受消防安全岗位培训,组织开展消防业务学习、灭火技能训练,提高预防和扑救火灾能力。

五、每季度定期组织有关部门或人员开展防火安全检查工作。消防管理人员应当根据不同季节,结合重大节日、重要活动等,对消防安全重点部位进行防火巡查,并做好检查记录。

六、保障疏散通道、安全出口的畅通,并设置符合国家规定的消防安全疏散标志和应急照明设施。定期对消防设施和器材进行维护保养、更换。

七、加强用电管理,安装电器、布设电线等要符合规定。定期检查电线、电器,不得违章用电和使用明火。员工下班后,应当切断工作场所的电源。

八、对易燃易爆、剧毒等危险物品要单独存放保管,根据相关安全管理规定实行特殊管理。

门卫管理制度

一、保安人员应持证上岗，并按要求着装、佩戴装备。

二、严格执行幼儿园门禁制度，不得擅自更改门禁时间。

三、保安及门卫应态度亲切、举止文明，热情为教职工及幼儿、家长服务。当班时间不与闲杂人员闲聊，不擅离职守，不抽烟、饮酒，不干私活。

四、来访者需经门卫审核身份，确认无疑义并做好来访登记后方可入园，出园时需持被访者签名单方可离园。

五、家长除参加幼儿园安排的活动外，其余时间不得随意进出幼儿园，如有特殊情况，需征得幼儿园同意方可入园。

六、家长在非正常离园时间接回幼儿，须持由班级教师签字的假条方可离园。

七、严守园门，防止幼儿在园活动期间私自离开幼儿园。

八、园门口禁止小商小贩摆设摊点出售物品。

九、发现安全隐患或发生意外情况，应及时向园领导报告。

安全隐患排查制度

一、建立实时检查、巡查、日排查等隐患排查治理制度,明确排查地点、项目、标准、责任,将隐患排查治理日常化。

二、安全隐患排查工作由安全工作领导小组按有关规定安排专人排查。排查人员必须按有关安全规章完成安全隐患排查工作,做到认真仔细、不留疏漏、做好记录。

三、排查人员在维护保养设施设备过程中,应及时整改和解决安全隐患及不稳定因素,遇到不能解决的问题应及时上报园领导,并提出方案,交由幼儿园讨论解决。

四、事故隐患排查治理工作小组每月对校园安全隐患进行一次全面检查,及时发现并排除各类事故隐患。

五、每周召开一次中层行政会议,研究解决隐患排查工作中存在的问题。

六、幼儿园对排查出来的各类安全隐患要进行登记,建立台账并制订隐患及不稳定因素整改措施,明确整改责任人和时间,及时进行整改。如有重大安全隐患幼儿园不能解决或整改有困难的,应及时向学校报告。

饮水卫生安全制度

一、保证水源安全卫生，制定《饮水突发事故和水源性传染病应急处理预案》。

二、定期清洗、消毒饮水机、蓄水池，并做好记录。

三、定期检测饮用水水质。

四、发现饮水污染事故和水源性传染病现象，应立即启动《饮水突发事故和水源性传染病应急处理预案》，停止师幼饮用水供应，保护好水源，等待有关部门前来检测，同时上报上级有关部门和卫生系统防疫部门，最大限度地减少损失。

五、对全体员工、幼儿加强节约用水教育，使之提高节水观念，增强环保意识。

用电安全管理制度

一、电源开关、插座应安装在 1.7 米以上高度位置。

二、任何用电设备在安装、使用和撤除过程中都应由专业人员负责,即持有电力入网证和特种作业人员操作证人员才能从事强电操作。

三、幼儿园各处、室、班级均要严格遵守安全用电规则,未经有关领导及电工批准,不准私自乱拉、扯电线,不准随意改动原有的供电线路及设施。

四、教职工离岗前应及时关好门、窗、水龙头、电器及照明设备,并关闭电源。

五、加强对教职工用电安全知识教育,使之掌握正确使用电器的方法,发现用电隐患应及时报告。

档案室安全管理制度

一、档案资料由专人专管，非工作人员未经批准，不得随便进入档案室。

二、档案资料应分类存放、排列整齐，保持整洁卫生，并有防盗、防火、防潮、防鼠、防尘、避光等安全措施，维护档案的完整性，保持其历史联系。

三、注意档案室安全，工作人员离开档案室时应及时关闭门窗，切断电源，节假日应加强管理。

四、各类资料进入档案室，必须及时登记在案，机密资料、人事档案严防丢失、泄密。

五、严格执行调阅档案登记手续，做到调卷登记，还卷注销。

防爆、防毒、防盗制度

一、防火、防爆

1. 定期检查消防栓、消防箱、灭火器材是否达到正常运行要求。
2. 加强培训，全体员工熟悉消防知识，并掌握消防器材的使用方法。
3. 在安全出口的明显位置设立"安全出口"指示灯箱。
4. 所有消防安全通道不堆放任何物品，确保消防通道畅通无阻。
5. 下班时，各责任人检查水、电的开关是否全部关好。
6. 校园内严禁带入易爆物品。
7. 一旦出现小火患做到及时扑灭，如果出现火灾情况，及时报警，确保不造成人身伤亡事故。

二、防毒、防尘

1. 园内外环境保持清洁卫生。
2. 防蝇、防鼠、防尘措施到位。
3. 严格查验所购进的食材、餐点及生活饮用水的质量与卫生。家长、幼儿所带食品需经园部确认安全卫生，方可进入班级。
4. 避免发生食物中毒事件或其他食源性疾患事故。

三、防盗

1. 不定期检查门、窗、锁和防盗设施，发现隐患及时解决或向有关部门汇报。
2. 贵重物资、教学设备等应由专人保管，专柜存放，以防失窃，保管人员要定期保养、检修，做到防霉防腐。
3. 借用贵重物品须办理借用手续并负责保管好，用完及时归还，外借须经分管部门负责人批准。
4. 严禁在办公室内存放公款现金。

安全事故报告制度

一、幼儿园安全事故报告的范围：园内各种非正常死亡，对校园秩序和师幼人身安全造成较大影响的抢劫、纵火、爆炸、盗窃、绑架等重大刑事案件，以及校舍倒塌、校园火灾、自然灾害、食物中毒、传染病、师幼意外伤害、网络安全及可能引发影响校园和社会稳定的事件等各种重大安全事故。

二、幼儿园安全事故报告的内容：事故发生的时间、地点、伤亡情况、接报时间、简要经过、抢救措施、初步原因分析等，如详细情况尚未弄清，可先报告事故概况，待详细情况调查清楚后再续报。

三、幼儿园安全事故报告的时限：凡属安全事故均应第一时间报告。

四、幼儿园安全事故报告的方式：发生重大刑事案件和各种安全事故时，应立即向学校报告，学校接到报告后，在2小时内报告省教育厅；发生涉及幼儿伤害的违法犯罪案件、火灾、食物中毒、急性传染病症状等情况的，除向教育厅报告外，还必须立即向公安、卫生、消防等有关部门报告。

大型活动申报审批制度

一、大型活动指幼儿园的全体教职工及幼儿、家长参加的演出、会议、郊游、外出参观等活动。

二、大型活动的内容，必须符合国家的法律、法规，保证安全，符合幼儿园的规章制度。

三、大型活动实行审批制度，开展活动应尽量控制规模，凡确需组织大型活动，先要拟订方案，按程序报批。

四、举办大型活动的申报程序。

1. 在举办日期的前一周向园领导递交书面申请，申请中应当说明大型活动的目的、方式、人数、起止时间、地点（包括集合地和解散地）、路线，以及负责人的姓名、职务和联系办法等，邀请园外人员参加的，必须注明邀请人员的基本情况。申报内容还应包括活动的安全工作预案、安全措施、医疗急救方案等。

2. 园部向学校主管部门提出申请，审批结果应在活动举行日的前三天回复，获得批准后幼儿园方可举行活动。

3. 下列活动视为已经批准，不需另行申请：根据学校党委或行政决定而举行的大型活动；根据学校批准的工作计划而举办的大型活动；根据教学计划安排的大型活动、讲座、报告等。但每项活动都必须上报安全工作预案，经学校保卫处审批后方能举行。

4. 根据活动需要，可请社区民警、学校保卫处协助落实活动安全防范措施，对活动场所治安秩序、消防安全、重点要害部位等实行实时监控，严密防范。

5. 活动开展前必须对参与活动的全体人员进行专门的安全教育，并做好会议记录。

安全会议制度

一、安全领导小组在园长的领导下，每月召开一次安全工作会议，传达上级安全工作精神与重点，听取安全工作情况汇报，总结上阶段的安全工作，并部署下阶段的安全工作任务。

二、定期召开全体教职工大会，进行安全宣传教育，确保师幼人身安全和财产安全。

三、特殊情况可不定期、不定时地召开各部门安全工作会议，确保幼儿园正常的教育教学秩序。

四、年段长、班主任利用升旗、日常教学、寓教于乐、疏散演习等活动进行多形式的安全教育，把安全落到实处。

五、定期召开家长会，提高家长的安全防范意识。幼儿园、家长一起行动，做好幼儿的安全工作。

安全教育培训制度

一、及时向全体教职工传达上级有关安全工作会议精神，落实安全工作任务。

二、定期采取多种形式对全体教职工进行安全教育、培训，培训教育面达到100%。

三、特殊工种如电工、电梯维护人员等，需参加专业培训，取得上岗证方可上岗。

四、通过宣传专栏、讲座、家长会等多种形式，对家长进行安全宣传教育，增强其安全意识。

五、教师结合安全教育周、安全教育日、消防安全宣传日等，将安全教育渗透在一日活动中，同时依据幼儿的年龄特点，开展以安全教育为主线的系列主题活动、寓教于乐活动、参观活动等，增强幼儿安全防范意识。

六、定期开展幼儿防震、防火安全疏散演练活动，掌握安全逃生知识，提高安全防护能力。

安全工作责任制和事故责任追究制

为了进一步提高安全责任意识，明确目标，加强管理，有效防范校园安全事故的发生，保障师幼生命、财产安全，特制订安全工作责任制和事故责任追究制。

一、实行谁主管谁负责，责任到人。层层签订责任状，落实责任制。学校校长与园长、园长与教职工签订安全责任状，明确责任，增强安全意识，加大安全工作落实力度。

二、园长为幼儿园安全工作第一责任人，对全园安全工作负直接领导责任，直接领导安全工作小组开展工作，检查落实各部门安全工作情况。

三、幼儿园副园长为安全分管工作的主要责任人，管理好分管范围内的安全工作，对所负责的工作负领导责任。

四、各处室主任为所管部门安全工作的主要负责人，采取各种措施管理好本部门安全工作。如因工作不扎实、措施不得力而造成事故的，直接追究部门主任责任。

五、年段长为本年段的安全工作责任人，负责本年级的安全工作，做好上传下达工作，配合学校等有关部门开展安全教育工作。如因工作失误，造成本年段安全事故，直接追究年段长责任。

六、班主任为本班幼儿安全工作第一责任人，要利用一日活动进行安全教育，认真组织好各项活动。如因班主任组织或管理不妥等导致发生事故的，将追究班主任的责任。

七、副班主任与保育员为所任班级教学安全的责任人，带班期间不得脱岗，发现有异常情况，应及时向班主任报告或向有关领导汇报。带班期间发生问题由带班教师负责。

八、全体教师必须加强师德师风建设，严禁对幼儿进行体罚或变相体罚，一旦发现由体罚或变相体罚引发的安全问题，幼儿园将追究其责任，并由本人承担一切可能的后果。

九、后勤部门要对幼儿园的设备设施定期进行检查，发现隐患及时向园领导汇报，并立即解决。及时处理相关部门反映的设施设备安全问题，如因未能及时解决设施设备问题而造成事故的，直接追究相关人员的责任。

十、教师集体办公室的安全防范工作由各年段长总负责，教师办公设备及教师本人自己放置在办公室的贵重物品等，安全防范由使用者负责。

十一、对排查、监督不力，不能及时发现安全隐患而酿成安全事故的，漏报、瞒报、隐瞒事故隐患的，发现安全事故后未积极采取防范措施、不积极整改的，给予行政严肃处理；不积极整改安全事故隐患导致严重安全事故发生的，将按有关法律法规追究法律责任。

十二、如若发生安全事故，必须立即上报园领导，并及时采取措施妥善处理。对由于工作失职、渎职，造成幼儿伤害事故、幼儿园财产损失，败坏幼儿园形象的，本年度不得评优选先、晋级晋职，情节严重者将追究其刑事责任。

安全应急预案

一、安全事故应急领导组织机构

成立突发事件应急处理领导小组，统一领导全园突发事件的应急处理工作。应急领导小组履行下列主要职责：

1. 对突发事件的应急处理程序进行督察指导。
2. 根据需要对事件现场采取相应的控制及应对措施。
3. 安排教师开展相关的排危抢险或实施求救工作。
4. 根据需要对师幼员工进行疏散，并根据事件性质，报请上级部门迅速采取紧急措施。
5. 根据"生命第一"的原则，决定是否启动突发事件应急预案，并在第一时间向上级主管部门报告。

二、安全事故应急预案

（一）火灾事故应急预案

1. 全体员工发现校园火灾均应及时报警，并立即向园领导汇报。
2. 现场教职工和抢险救灾组人员应迅速疏散幼儿，撤离到安全区域。
3. 迅速切断有关电源。
4. 积极配合消防人员灭火。
5. 灭火时应采取有效的隔离措施，防止火势蔓延，确保师幼的生命安全。

（二）食物中毒应急预案

1. 发现师幼有类似食物中毒症状时，应迅速送医院诊治，并及时向上级主管部门、卫生防疫部门报告。
2. 做好所食用食物的取样工作，以备卫生部门检查。如果是食用园外食物所致，应积极配合有关部门取样。
3. 迅速排查食用致毒食物的师幼名单，做好家长、家属的安抚工作。
4. 积极配合上级有关部门做好诊治、事故调查及处理等工作。

5. 稳定师幼情绪，要求员工不以个人名义向外扩散消息，以免引起不必要的混乱。

（三）意外伤害事故应急预案

1. 幼儿园一旦发生意外伤害事件，在场相关人员应立即保护现场，并报告园领导及分管校领导，幼儿园安全小组人员应立即赶到现场。

2. 发生重特大伤害事故时，对受伤人员，应进行现场急救，并及时向相关部门（公安部门、医疗救治中心等）报案。

3. 如社会人员到园对师幼造成伤害，安全小组应采取积极措施进行制止或疏散，保护好幼儿。

4. 迅速配合公安部门调查事故发生的原因，并做好相关材料的收集工作。

5. 通知受伤者的家属或监护人，并做好安抚工作。

（四）传染性疾病暴发、流行应急预案

应当做到早发现、早报告、早隔离、早治疗，对传染病病人和疑似传染病病人就地隔离、就地观察、就地等待医疗部门治疗。加强预防控制措施，防止疫情扩散。发生重大传染病疫情或群体性不明原因疾病等，应及时采取如下措施。

1. 当幼儿园发现传染病疫情（或疑似疫情）时，立即上报相关部门，对病人实施严格隔离，到指定医院进行治疗（如果是幼儿应立即通知家长）。

2. 对于与传染病者有密切接触的师幼进行就地隔离，并进行医学观察一周以上，待发现相关症状消失并经指定医院医生检查确认无传染性后，方可返园。

3. 对传染病人所到过的场所及用品，迅速、严密、彻底地做好全面消毒工作。

4. 对全园师幼员工采取必要的保护措施，发放必要的防护用品。在公共卫生场所完善洗手设备，提供流动水、洗手液、除菌消毒肥皂等。

5. 所有教室、办公室、人群聚集场所增加通风时间和强度，教育师幼增加户外活动的时间，注意劳逸结合，加强个人卫生，增强抗病能力。

6. 建议员工尽量避免接待外地来访客人，各种集体性人员聚集活动推迟或取消，尽量减少不必要的会议和集体活动。

7. 严控外来人员进入，发放《致家长的一封信》，提醒家长不带幼儿去人员密集的公共场所，对我园外出工作人员、幼儿实行登记制度，经医院身体检查后才能复校。

（五）地震、洪灾等自然灾害应急预案

1. 接到上级地震、洪灾等自然灾害的预（警）报后，领导小组立即进入临战状态，依法发布有关消息和警报，全面组织各项抗灾工作。各有关部门随时准备执行防震减灾任务。

2. 发生自然灾害时必须把生命安全放在第一，经请示上级部门后有必要可停学。

3. 组织相关人员对幼儿园建筑进行全面检查，封堵、关闭危险场所，停止各项活动。

4. 加强对易燃易爆物品、有毒有害化学品的管理，保证防震减灾顺利进行。

5. 加强对重要设备和重要物品的救护和保护，加强校园值班值勤和巡逻，防止各类犯罪活动。

6. 迅速关闭、切断电源（应急照明系统除外）和各种明火，防止灾后滋生其他灾害。

7. 迅速开展现场救护工作，及时将受伤人员转移并送至附近医院抢救。

8. 积极做好广大师幼的思想宣传教育工作，消除恐慌心理，稳定人心，迅速恢复正常秩序，全力维护社会安全稳定。

9. 迅速了解和掌握本园受灾情况，及时汇总上报学校及相关部门。

防震演习方案

一、演习内容：防震演习

二、演习时间：＿＿月＿＿日

三、演习目的

为了贯彻落实上级教育部门有关加强校园安全的文件精神，进一步加强师幼对突发事故的灵活应变能力，提高全体师生的防震减灾意识和自救自护逃生的能力，结合"福建省学校防震减灾教育周"活动，我园对全园教职工及幼儿进行防震减灾安全知识教育的学习，并举行幼儿园防震演习活动，旨在培养师幼掌握正确的逃生要领，从容应对地震等突发事故，最大限度地保护广大师生的人身安全。

四、演习信号：警报铃（短促声）

五、演习临时避难场所：大操场

六、演习指挥机构和组织系统

1. 总指挥：×××

2. 副总指挥：×××

3. 行政秘书组长：×××

4. 避险撤离组长：×××

5. 后勤保障组长：×××

6. 紧急救援组长：×××

七、各班幼儿疏散路线安排

1. 小一班、小二班、小三班、中一班幼儿从新教学楼楼梯下跑向大操场。

2. 中二班、中三班幼儿往二楼过道，经大班建构室门口走廊、楼梯下，跑向大操场。

3. 中四班、大一班、大二班幼儿从班级前门出，跑向大操场。

4. 大三班幼儿从班级前门出，向右从办公楼楼梯下，跑向大操场。

5. 中四班、大二班、大三班幼儿撤离时不能从一楼架空层穿过，应绕道从传达室前的草地穿过，跑向大操场。

6. 食堂员工经小巷直接往大操场方向跑。

八、行政人员负责各路口、转弯口安全保卫工作

×××：大操场，负责总调度。

×××：新教学楼一楼大厅口。

×××：大门口榕树下。

×××：新楼二楼楼梯转弯口。

×××：新楼三楼楼梯转弯口。

×××：旧楼二楼大班建构室门口楼梯道。

×××：办公楼二楼与大二班相邻转弯口。

×××：办公楼三楼、二楼楼梯转弯口。

×××：大一班门口楼梯口。

×××：保健室门口操场，负责整体安全。

×××：按警报铃。

×××：医务人员。

×××：拍照、摄像。

九、疏散规范要求

听到长鸣 60 秒的避险警报信号时，各班教师应迅速引导幼儿就近避险，蹲或躺在桌子、钢琴的旁边或承重墙的墙根、墙角，并用手保护好头部。12 秒后广播响起："现在紧急避险结束，全体师幼立即疏散。"同时，疏散警报信号长鸣 60 秒，停 30 秒，反复 2 遍，时间共 3 分钟。此时教师要以最快的速度带着孩子们，猫着腰，护着头，沿着指定的疏散路线，紧张而有序地向幼儿园大操场疏散。3 分钟内，全体师幼安全到达操场的指定位置站好，各班教师迅速清点幼儿人数，并向园长报告当日出席与撤离到位的师幼人数。

十、注意事项

1. 各班教师明确本班疏散方向后，演习前应自行组织班级幼儿熟悉路线，并做好演习前的疏散安全教育工作。

2. 各班始终保持班级安全通道的畅通。

3. 各班事先商量好班级三位教师撤离时的定位，谁在前带领幼儿，谁在中间，谁在最后，不要落下幼儿。

4. 听到警报铃时，没带班的教师迅速回到各自班级。带班教师保持冷静，立即停止一切活动，根据铃声与配班教师、保育员组织幼儿撤离。

5. 疏散过程中全体教职工应时刻注意幼儿的安全，特别是各转弯口的行政后勤人员，要协助疏散幼儿，避免拥堵，杜绝意外事故发生。

6. 警报解除后才能组织幼儿有序地离开临时避难场所。

附：

师生人数统计表

时间：

班级	出席人数	撤离人数	班级	出席人数	撤离人数
小一班			小二班		
小三班			中一班		
中二班			中三班		
中四班			大一班		
大二班			大三班		
教职员工					
响铃时间		撤离时间		演习用时	

备注：1. 各班到达撤离的指定位置后，教师仔细清点本班幼儿人数，由当班教师向演习总指挥报告本班幼儿当日出席人数和撤离人数。

2. 办公室主任统计教职工到岗情况，并向总指挥汇报。

幼儿园突发性事件处理预案流程

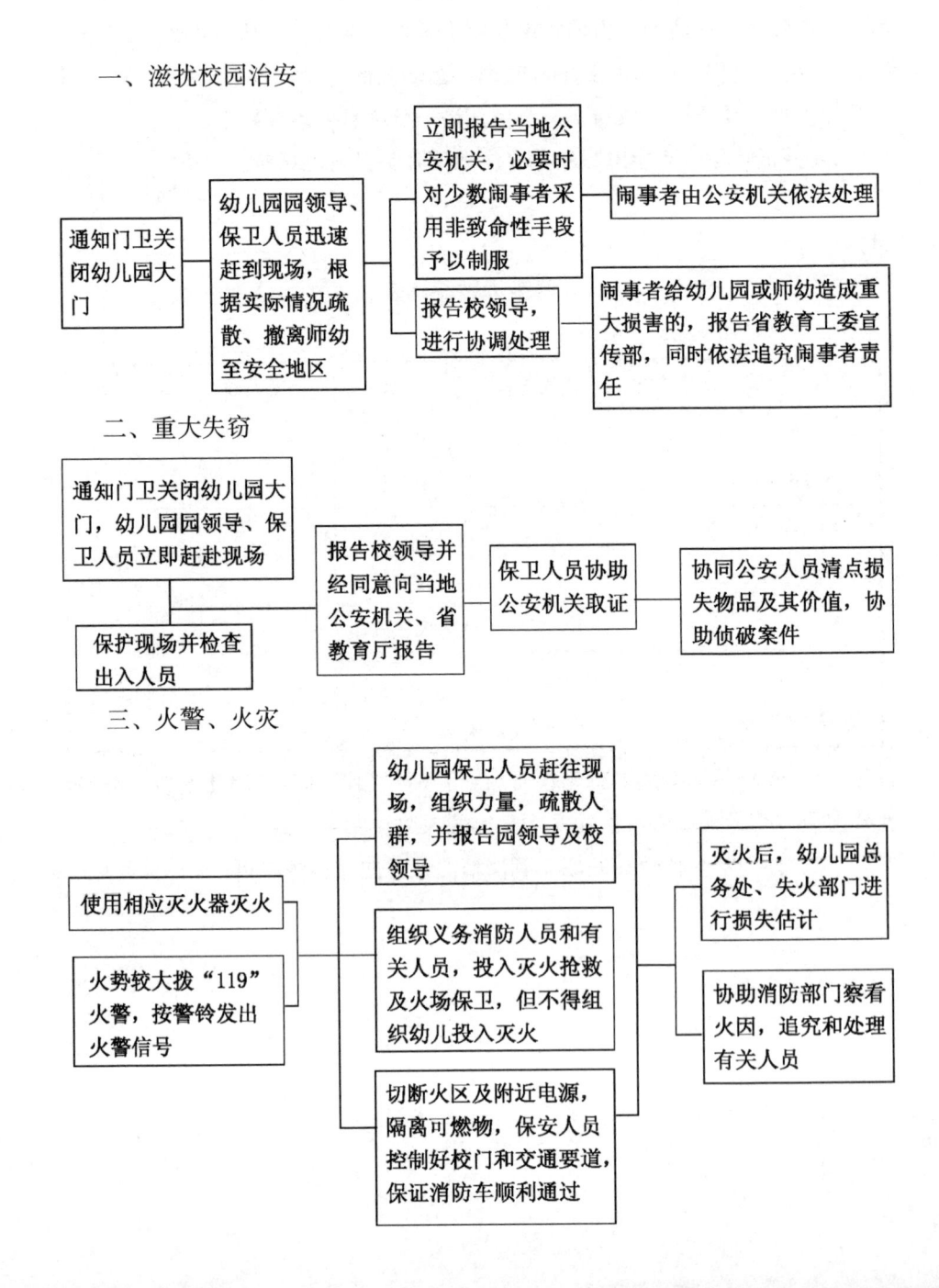

一、滋扰校园治安

- 通知门卫关闭幼儿园大门
- 幼儿园园领导、保卫人员迅速赶到现场，根据实际情况疏散、撤离师幼至安全地区
- 立即报告当地公安机关，必要时对少数闹事者采用非致命性手段予以制服
- 报告校领导，进行协调处理
- 闹事者由公安机关依法处理
- 闹事者给幼儿园或师幼造成重大损害的，报告省教育工委宣传部，同时依法追究闹事者责任

二、重大失窃

- 通知门卫关闭幼儿园大门，幼儿园园领导、保卫人员立即赶赴现场
- 保护现场并检查出入人员
- 报告校领导并经同意向当地公安机关、省教育厅报告
- 保卫人员协助公安机关取证
- 协同公安人员清点损失物品及其价值，协助侦破案件

三、火警、火灾

- 使用相应灭火器灭火
- 火势较大拨"119"火警，按警铃发出火警信号
- 幼儿园保卫人员赶往现场，组织力量，疏散人群，并报告园领导及校领导
- 组织义务消防人员和有关人员，投入灭火抢救及火场保卫，但不得组织幼儿投入灭火
- 切断火区及附近电源，隔离可燃物，保安人员控制好校门和交通要道，保证消防车顺利通过
- 灭火后，幼儿园总务处、失火部门进行损失估计
- 协助消防部门察看火因，追究和处理有关人员

四、食物中毒

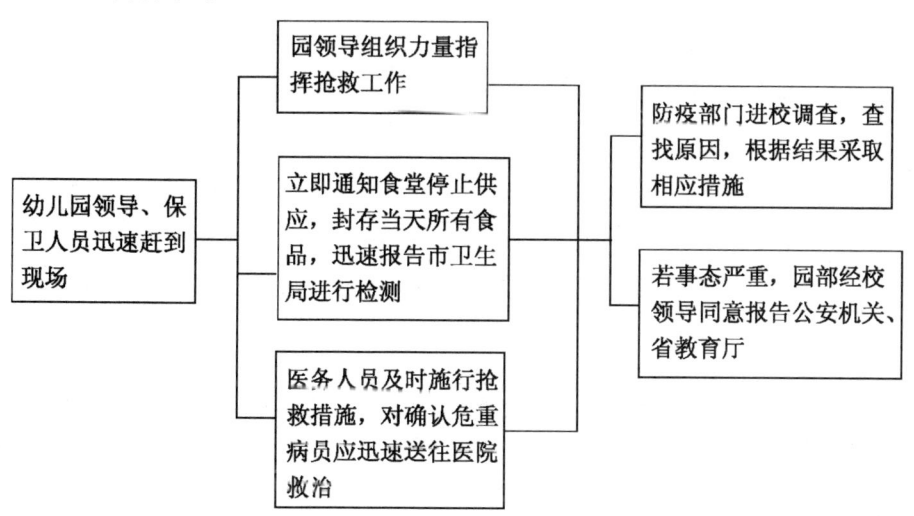

```
幼儿园领导、保卫人员迅速赶到现场
  ├─→ 园领导组织力量指挥抢救工作
  ├─→ 立即通知食堂停止供应，封存当天所有食品，迅速报告市卫生局进行检测
  │     ├─→ 防疫部门进校调查，查找原因，根据结果采取相应措施
  │     └─→ 若事态严重，园部经校领导同意报告公安机关、省教育厅
  └─→ 医务人员及时施行抢救措施，对确认危重病员应迅速送往医院救治
```

五、意外人身伤亡（如溺水、触电、车祸、失踪等）

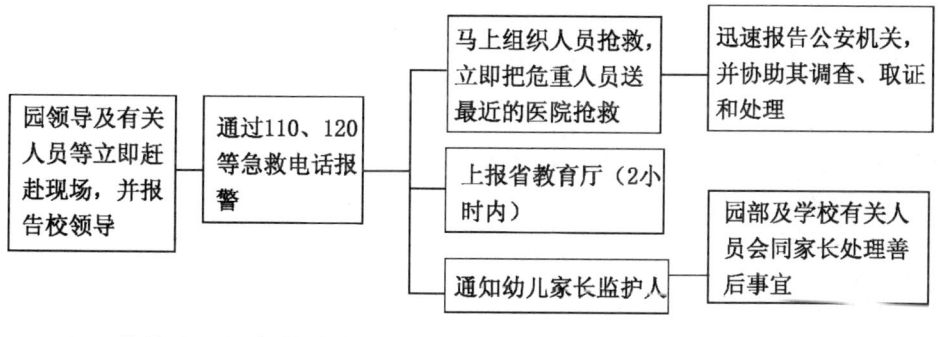

```
园领导及有关人员等立即赶赴现场，并报告校领导
  └─→ 通过110、120等急救电话报警
        ├─→ 马上组织人员抢救，立即把危重人员送最近的医院抢救
        │     └─→ 迅速报告公安机关，并协助其调查、取证和处理
        ├─→ 上报省教育厅（2小时内）
        └─→ 通知幼儿家长监护人
              └─→ 园部及学校有关人员会同家长处理善后事宜
```

六、传染病、疑似传染病者

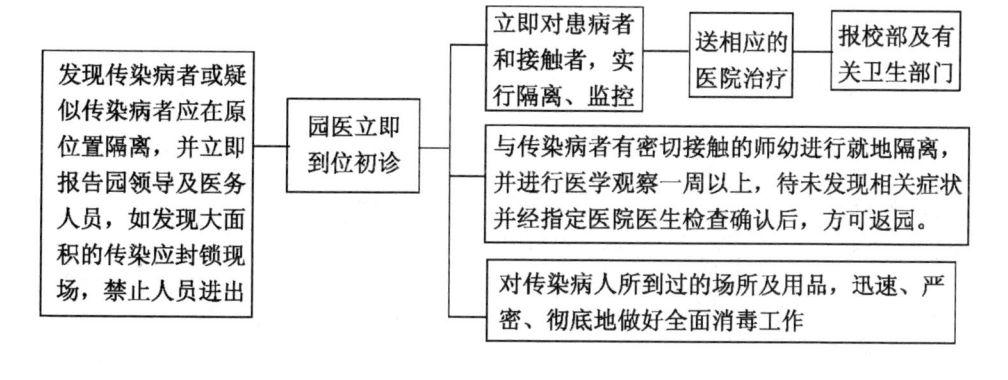

```
发现传染病者或疑似传染病者应在原位置隔离，并立即报告园领导及医务人员，如发现大面积的传染应封锁现场，禁止人员进出
  └─→ 园医立即到位初诊
        ├─→ 立即对患病者和接触者，实行隔离、监控
        │     └─→ 送相应的医院治疗 → 报校部及有关卫生部门
        ├─→ 与传染病者有密切接触的师幼进行就地隔离，并进行医学观察一周以上，待未发现相关症状并经指定医院医生检查确认后，方可返园。
        └─→ 对传染病人所到过的场所及用品，迅速、严密、彻底地做好全面消毒工作
```

七、台风、强暴雨

前期24小时	前期12小时	6小时应急	紧急状态	后期4小时
值班领导、保卫人员进入值班状态，同时做好以下工作：1. 收听、收看预警预报，关注动向，并告知全园师幼及家长；2. 加固树木、室外电气设施、围墙、土木建筑、广告路牌，疏通、检修排水沟和门窗、屋面。3. 转移低处物资财产，准备沙袋等防堵物资。4. 拆卸、移除一切悬挂无固定宣传牌和其他物件。5. 停止一切园内外大型活动。停止批准幼儿团体外出。	1. 园领导进入值班应急状态。2. 检查落实各项预防处置措施，并向校部汇报。3. 做好教职工及幼儿防台风安全教育。4. 做好饮用水、食品储备和饮食供应准备。	1. 8级以上台风或强风暴雨应停课进入紧急状态。2. 关闭园内一切出入大门和窗户。3. 值班、巡查人员应做好自身防护措施，必要时启用照明、应急通讯等工具。4. 切断非生活照明和隐患电路。	1. 师生必须停留在办公室、教室等安全处，服从指挥，从容应对。2. 值班巡查人员应随时关注动态变化，每小时向园部领导汇报一次现场情况。	1. 预防台风转向突然吹袭。2. 师生应继续留在教室、办公室等安全处。3. 巡查人员应在安全的情况下清除主要道路障碍、汇报灾后情况。4. 及时巡查道路、建筑、电气受损情况，视情况挂出危险提示牌，并报告相关部门抢修。

八、网络和信息安全事件

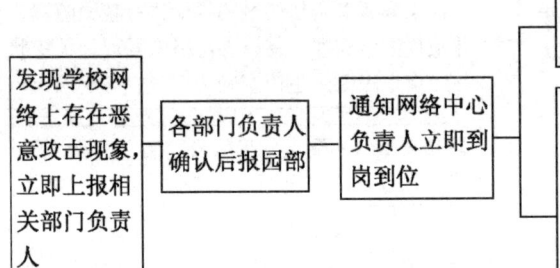

发现学校网络上存在恶意攻击现象，立即上报相关部门负责人 → 各部门负责人确认后报园部 → 通知网络中心负责人立即到岗到位 →

- 采取措施，实施控制，消除非法信息，恢复系统
- 影响较大的，紧急关闭系统；有反动政治言论、色情内容的及时删除并保留证据，原始数据报园部
- 园部报校党委，经同意后报省教育厅和公安机关

师幼外出活动的有关规定

一、审批制度

1. 教职工外出活动（需备有详细活动计划和安全组织措施）要报请园长、校长审批核准。

2. 各年段组织幼儿到园外进行各种教育或教学活动、春游、秋游、参观等，活动前需备有活动的详细计划、安全保障措施。要填写活动审批表，报请园部领导、学校保卫处审批并备案。

二、安全要求

1. 拟订计划并报请审批。

2. 制订安全工作预案（预测可能发生的事故，并制订相应的应急措施）。

3. 做好活动前的安全准备工作。

（1）勘查活动场所，熟悉环境。

（2）提前预约参观时间，尽量避开参观高峰时间段。

（3）注意选择天气较好的时间，春夏季应防雨、防雷电。

（4）必须租用正规营运部门的车辆，坚决杜绝乘坐"三无"以及安全系数低的车辆。

4. 活动中安全防范措施要落实到位，活动中各个环节的责任人必须坚守岗位，幼儿活动范围不能超出随队教师的视野，教师要随时或定时清点幼儿人数。

5. 注意饮食卫生、交通安全，严格执行有关消防规定，不在林区、草地、自然保护区、风景名胜区内搞野炊活动。

三、责任制度

1. 学校、园部领导的责任。

（1）依法保护广大师生在参加活动时的人身与财产安全，保证整个活动在法律允许的范围内进行。

（2）审定和批准小规模的园内外集体活动方案，并报上级教育行政部门审批。

(3) 落实幼儿园集体活动安全工作预案,确定活动中各环节的安全责任人。

(4) 随时监控大型活动现场各项安全措施的落实。

(5) 活动结束后组织进行安全工作小结。

2. 具体组织者的责任。

(1) 拟订部门集体活动安全工作预案。

(2) 落实活动前的安全准备工作。

(3) 分解活动各环节的安全措施并确定责任人员。

(4) 负责对师生进行相关安全常识的教育。

(5) 发生安全事故后,协助校、园领导或当校、园领导不在场时独立组织抢救伤员,落实应急措施。

(6) 负责活动后的安全小结工作。

3. 班主任(教师)的责任。

(1) 在一日生活中,根据园部教育教学计划,有意识地对幼儿进行安全常识教育,开展交通、消防、防震、防灾、自救自护等能力的培训和演练,加强幼儿公德教育、遵纪守法教育、文明礼貌教育,培养幼儿良好的文明习惯。

(2) 在幼儿园组织的集体外出活动中,出发前对幼儿进行专门的安全教育,检查幼儿的安全准备工作;在活动中及时对幼儿违规行为进行劝阻和纠正;出现意外情况时,组织幼儿进行安全自救,对受伤幼儿进行紧急救护。

(3) 在幼儿园组织的集体外出活动中,对幼儿违规行为、受到外来人员实施的侵害行为制止不力、应当预见而没有预见到其他安全隐患,从而导致安全事故的属失职行为。发生事故后,班主任(教师)应积极组织幼儿自救互救,不得只顾自己人身安全,擅离班级岗位。发生幼儿伤亡的,属渎职行为,应追究法律和行政责任。

4. 其他人员的责任(指活动的协调管理人员,如任课教师、后勤人员等)。

(1) 按照园长或组织者安排,承担一部分园外集体活动的安全准备工作和管理工作，并负有相应的责任。

（2）在园外集体活动中按计划落实有关安全措施。

（3）在事故发生时配合组织者进行抢救。

四、本规定要求全园教职员工共同遵守

五、本规定从发布之日起执行，解释权归园长办公会议

安全责任状

(一)

安全责任部门：保安员

责任事项：

1. 严格执行幼儿园的各项规章制度，认真履行岗位职责，牢固树立"安全第一"的意识。

2. 严守岗位，做好安全防范工作，严防幼儿独自外出及陌生人随意进入。

3. 严格遵守作息制度，按时开、关园门。在幼儿接送期间，按要求佩戴安防设备，并关注周围的环境，杜绝意外发生。

4. 做好来客的验证、登记工作和电话传呼工作，对园内的陌生人要进行查问，发现形迹可疑者及时向园长汇报，并采取有效措施。

5. 凡大件物品出园，必须查阅有关部门证明，发现情况及时和园领导联系。

6. 做好各种车辆出入的管理，禁止家长接送车入园。

7. 注意用电、防火安全，认真检查和维护消防、安防等设施。

8. 建立相应的预警机制和安全防范措施，按园部要求参加防火培训，熟悉消防预案和危险突发事件预案操作全过程，掌握预防、扑灭火灾等常识，并能对全园教职工进行再培训。

9. 协助做好幼儿集体外出活动的安全防范工作。

10. 做好与门卫人员的交接工作。

11. 责任期：＿＿＿＿＿＿。

    福建幼高专附属第一幼儿园

    园长：   责任人：

    年 月 日   年 月 日

（二）

安全责任部门：功能室——"乐读书屋"

责任事项：

1. 下班前切断电脑、空调、电风扇等电器的电源，关好窗，锁好门，做好防盗工作。

2. 每天上、下班认真核对图书馆里存放的书籍，若发现问题，及时汇报。

3. 严禁在室内烧废纸、废品及使用明火等。

4. 禁止存放易燃、易爆物品。

5. 发现室内有安全隐患，应及时向园部反馈。

6. 关注图书馆内幼儿的安全，教育幼儿不在室内跑动、喧哗，爱护书籍。

7. 按园部要求参加防火培训，熟悉消防预案操作全过程，掌握预防和扑灭火灾等常识。

8. 责任期：_____。

　　　　福建幼高专附属第一幼儿园

　　　　园长：　　　　　　　　　　　　　　责任人：

　　　　年　　月　　日　　　　　　　　　　年　　月　　日

（三）

安全责任部门：教师办公室

责任事项：

1. 下班前切断电脑、空调等电器的电源，关好窗，锁好门，确认万无一失方可离开。

2. 禁止存放易燃、易爆物品。

3. 严禁在办公室烧废纸、废品及使用明火等。

4. 发现室内有安全隐患，应及时向园部反馈。

5. 保管好个人的保教、教研档案，避免重要档案资料丢失。

6. 按园部要求参加防火培训，熟悉消防预案操作全过程，掌握预防和扑灭火灾等常识。

7. 责任期：_____。

福建幼高专附属第一幼儿园

园长：　　　　　　　　　　　　　责任人：

年　月　日　　　　　　　　　　　年　月　日

（四）

安全责任部门：食堂

责任事项：

1. 对食物、餐具要采取一洗、二冲、三消毒等卫生措施，防止相互传染疾病以及禽流感、手足口等病毒的传播。

2. 及时检查食品的新鲜与卫生状况，烧煮食品时要充分加热，避免外熟里生。

3. 服从保健室等有关部门的监督与指导，预防食物中毒，并存放好留样食品。

4. 对食品作坊、留样冰箱等处应采取防范措施，严禁非工作人员进入，避免投毒事件的发生。

5. 注意安全用电、用火，经常检查各处电器的使用情况。下班前应全面检查食堂安全情况，防患于未然。

6. 食堂应办理卫生许可证，工作人员必须办理健康证等。

7. 食堂负责人应组织工作人员参加防火培训，熟悉消防预案操作全过程，掌握预防及扑灭火灾等常识。

8. 责任期：_____。

福建幼高专附属第一幼儿园

园长：　　　　　　　　　　　　　责任人：

年　月　日　　　　　　　　　　　年　月　日

（五）

安全责任部门：电教保管室

责任事项：

1. 下班前切断打印机、空调、电脑等电器的电源，关好窗，锁好门，做好防盗工作。

2. 每天上、下班时，必须对所保管的贵重财产认真核对，发现问题及时汇报。

3. 严禁在办公室烧废纸、废品及使用明火等。

4. 禁止存放易燃、易爆物品。发现室内有安全隐患，应及时向园部反馈。

5. 加强电脑中加密资料的管理，确实做好保密工作。

6. 经常关注教职工在学院网络上的活动，如发现学院网络上存在恶意攻击现象（包括拒绝服务、系统入侵、篡改主页、窃取敏感信息、散布有害信息等），立即向校党办和园部负责人报告。

7. 按园部要求参加防火培训，熟悉消防预案操作全过程，掌握预防和扑灭火灾等常识。

8. 责任期：＿＿＿＿＿＿＿。

　　　　　　福建幼高专附属第一幼儿园

　　　　　　园长：　　　　　　　　　　　　　责任人：

　　　　　　年　　月　　日　　　　　　　　　年　　月　　日

（六）

安全责任部门：保育员

责任事项：

1. 在医务人员和本班教师指导下，严格执行幼儿园安全、卫生保健制度。

2. 负责本班室内外环境、设备、用具的清洁卫生和消毒工作，定时开窗，确保室内空气流通。

3. 在教师指导下培养幼儿良好的生活卫生习惯，管理、照顾好幼儿的生活，根据天气变化情况和幼儿个体差异及时增减被褥、衣服。注意观察幼儿的健康情况，发现异常及时报告。

4. 管理好班级的洗涤剂、消毒剂等卫生用品，避免幼儿误食。

5. 教育幼儿不攀爬门、窗、阳台、护栏等防护设施。

6. 照看幼儿午休期间，不串班、接待客人、干私活，注意观察幼儿的午休情况，防止幼儿将异物放入耳、鼻、口中，避免幼儿从床上摔下。

7. 不在教室、寝室内使用电炉及各种明火，不在教学大楼内焚烧物品。

8. 教室内严禁存放易燃、易爆物品。

9. 不允许幼儿带易造成危险的器物入园。

10. 下班离开教室前，要关好门窗、切断电源、关闭水龙头。

11. 按园部要求参加防火培训，熟悉消防预案操作全过程，掌握预防、扑灭火灾等常识。

12. 配合有关部门预防危险突发事件发生，并做好整改工作，发现安全隐患及时汇报。

13. 责任期：_____。

　　　　　　福建幼高专附属第一幼儿园
　　　　　　园长：　　　　　　　　　　　　　　　责任人：
　　　　　　年　　月　　日　　　　　　　　　　年　　月　　日

（七）

安全责任部门：安全员

责任事项：

1. 遵守学校及幼儿园的安全规章制度，做好防火、防盗工作。按园部要求，定期对本园的房屋设施、幼儿活动器械、水源、食品等进行严格细致的检查、记录，将整改意见及时上报园部，并督促有关部门对安全隐患进行整改。

2. 按照园部的要求，定期检查消防器材，避免人为损坏或挪作他用，保证有关设施设备的正常使用。

3. 管理好电房及周围的安全设施，严禁任何人擅入电房。

4. 下班前检查全园电源是否切断和门窗是否关闭。

5. 禁止在园内存放易燃、易爆物品，禁止使用管制刀具等。

6. 督促家长及外来人员勿在园内吸烟。

7. 配合有关部门预防危险突发事件发生，并做好整改工作。

8. 配合宣传组做好安全宣传教育工作。

9. 协助做好幼儿集体外出活动的安全防范工作。

10. 建立相应的预警机制和安全防范措施，按园部要求参加防火培训，熟悉消防预案和危险突发事件预案操作全过程，掌握预防、扑灭火灾等常识，并能对全园教职工进行再培训。

11. 责任期：_____。

福建幼高专附属第一幼儿园

园长：　　　　　　　　　　　　　责任人：

年　　月　　日　　　　　　　　　年　　月　　日

（八）

安全责任部门：传达室

责任事项：

日值班人员：

1. 严格执行幼儿园的各项规章制度，认真履行岗位职责，牢固树立"安全第一"意识。

2. 严守岗位，做好安全防范工作，严防幼儿独自外出及陌生人随意进入。

3. 严格遵守作息制度，按时开、关园门。

4. 做好来客的验证、登记工作和电话传呼工作，对园内的陌生人要进行查问，发现形迹可疑者及时向园长汇报，并采取有效措施。

5. 凡大件物品出园，必须查阅有关部门证明，发现情况及时和园领导联系。

  6. 做好各种车辆出入的管理，禁止家长接送车入园。

  7. 注意传达室用电、防火安全，认真检查和维护消防、安防等设施。

  8. 按园部要求参加防火培训，熟悉消防预案操作全过程，掌握预防、扑灭火灾等常识。

  9. 做好与夜值班人员的交接工作。

  10. 责任期：_____。

夜值班人员：

  1. 每晚巡视和检查各班门窗、水电是否安全，认真记录值班情况，发现问题及时处理、汇报。

  2. 坚守岗位，不擅自离岗，若离岗造成损失应承担相应的责任。

  3. 定期检查报警器，熟练掌握使用方法，发现事故及时报案。

  4. 做好与日值班人员的交接工作。

  5. 责任期：_____。

     福建幼高专附属第一幼儿园

    园长：   责任人：

    年 月 日   年 月 日

（九）

安全责任部门：资产保管室

责任事项：

  1. 牢固树立主人翁意识，认真担负保管幼儿园财产的责任，做好财产的登记、保管、使用、借用、报损等工作，防止幼儿园资产流失。

  2. 认真做好防盗工作，确保保管室的门、窗牢固。每天上、下班必须对所存放的贵重物品认真核对，若发现问题，及时汇报。

  3. 做好保管室的防火工作，严禁烟火，禁止存放易燃、易爆及强腐蚀性的物品。若教学需使用上述物品，应按有关危险品保管规定，严格存放与领用。

  4. 按园部要求参加防火培训，熟悉消防预案操作全过程，掌握预防、扑灭火灾等常识。

5. 责任期：_____。

　　　　福建幼高专附属第一幼儿园

　　　　园长：　　　　　　　　　　　　责任人：

　　　　年　月　日　　　　　　　　　　年　月　日

（十）

安全责任部门：教师

责任事项：

1. 对所教班级幼儿进行安全教育，培养幼儿自我保护的意识。

2. 管理好幼儿的一日活动，做好每日点名工作，及时了解幼儿缺席原因并认真记录。

3. 督促保育员管理好班级的洗涤卫生用品等，避免幼儿误食。

4. 教育幼儿不攀爬门、窗、阳台、护栏等防护设施。

5. 不在教室、寝室内使用电炉及各种明火，不在教学大楼内焚烧物品。

6. 教室内严禁存放易燃、易爆物品。

7. 不允许幼儿带易造成危险的器物入园。

8. 下班离开教室前，要关好门窗、切断电源、关闭水龙头。

9. 组织幼儿外出参观、演出等活动，要统一报园部审批、校保卫科备案，做到有组织、有专人带队、有安全措施。

10. 按园部要求参加防火培训，熟悉消防预案操作全过程，掌握预防、扑灭火灾等常识。

11. 配合有关部门预防危险突发事件发生，并做好整改工作，发现安全隐患及时汇报。

12. 责任期：_____。

　　　　福建幼高专附属第一幼儿园

　　　　园长：　　　　　　　　　　　　责任人：

　　　　年　月　日　　　　　　　　　　年　月　日

（十一）

安全责任部门：医务室

责任事项：

1. 根据国家卫生部门有关规定做好医务工作，防止医疗事故的发生。

2. 认真做好食堂饮食卫生的监督工作，随时检查饮食、饮水和环境卫生，杜绝伪劣、变质、过期的食品进入幼儿园，防止食物中毒。

3. 坚持晨检和全日观察，及时处理幼儿的外伤事故和临时发生的疾病。

4. 与当地保健机构密切联系，在预防为主、广泛宣传、引起重视的同时，加强消毒、疫苗接种等措施，做好不同季节流行性传染疾病的防治工作。

5. 妥善管理医疗器械、消毒用具和药品，禁止非医务人员擅动药品。严格检验购进的药品，严防伪劣、过期药品进入医务室。

6. 指导、检查保育员、炊事员、环卫员做好清洁卫生及消毒工作，并认真做好记录。

7. 做好医务室的防火工作，安全放置易燃物品（如酒精等）。

8. 认真做好防盗工作，下班离开医务室前，关闭窗户，橱柜上锁，电源拉闸。

9. 按园部要求参加防火培训，熟悉消防预案操作全过程，掌握预防、扑灭火灾等常识。

10. 责任期：_____。

　　福建幼高专附属第一幼儿园

　　园长：　　　　　　　　　　　　责任人：

　　　年　　月　　日　　　　　　　　年　　月　　日

实操表格

来访登记表

来访登记表存根

第　　号

访客姓名		性别		电话	
工作单位或 证件号码					
被访部门或 被访者姓名		来访 事由			
来访时间	年	月	日	午	时
离园时间	年	月	日	午	时
被访者签名					

....

访客离园签名单

第　　号

访客姓名		性别	
离园时间		午　　时　　分	
被访者签名			

监控录像调取记录表

申请人		申请时间	
申请班级		联系电话	
申请原因			
调取情况			
部门主任意见	（签字） 年　月　日	园领导意见	（签字） 年　月　日

监控设备维修记录表

故障设备		时　间	年　月　日
维修人员		联系电话	
故障原因			
处理意见			
园领导批示		（签字） 年　月　日	
处理结果			

每日安全巡查表

日期：

地　点	检查情况	地　点	检查情况
小一班		传达室	
小二班		会议室	
小三班		教学楼一楼大厅	
小四班		教学楼二楼大厅	
中一班		教学楼三楼大厅	
中二班		医务室	
中三班		功能室	
中四班		办公室	
大一班		资料室	
大二班		前操场（大型器械、水沟、角落等）	
大三班		后操场	
大四班		食　堂	
园长批示		落实情况	

检查人员：　　　　　　　　　　　　　园长签字：

安全修缮检查记录表

检查人员			检查时间	
检查情况				
整改意见				
园长批示				
落实情况				
备注				

消防检查记录表

月份：　　　　楼层：

日　期	消防栓	指示灯应急灯	灭火器	消防通道	检查人员	备注

备注：1. 负责检查人员应如实做好记录。
　　　2. 正常情况请打"√"，发现问题应在备注栏写明情况。

灭火器定期检查表

时间：

检查项目 地点	压力是否正常	皮管是否良好	安全插栓是否被拔掉	提手把有无断裂	周围是否被物品堵塞	药剂是否在有效期内

检查者：

备注：1. 禁止任意移动使用灭火器。
   2. 良好打"√"，异常打"×"。
   3. 每年必须重新充装。

第二节　卫生保健工作

岗位职责

保健人员职责

一、根据《幼儿园工作规程》《3—6儿童学习与发展指南》精神，以及上级卫生部门的要求，制订幼儿园卫生保健工作计划，并健全各项卫生保健制度。

二、每周做好幼儿营养量的计算工作，研究调配和改善幼儿膳食，定期检查饮食、饮水和环境卫生。

三、认真做好晨间检查和全日观察，处理幼儿入园后的外伤事故和临时发生的疾病。

四、热心为幼儿服务，及时对体弱儿童和患有慢性病的幼儿进行观察护理。

五、每月统计、公布各班幼儿的出勤率、发病率，每学期公布幼儿的体检情况。按照相关部门要求建立各种表、簿、卡，整理并保存幼儿健康档案。

六、指导保育员、保洁员、食堂工作人员等做好清洁卫生及消毒工作，加强日常检查并做好相关记录。

七、密切与当地卫生保健机构联系，及时做好国家免疫规划疫苗查漏补种和疾病防治等工作，协助相关部门做好幼儿医疗保险工作。

八、通过多种形式向全园教职工和家长宣传幼儿卫生保健常识。

九、妥善管理医疗器械、消毒用具和药品。

十、关心全园教职工身体健康，做好每年教职工体检工作，抓好计划生育工作。

保健助手职责

一、遵守幼儿园各项规章制度，协助保健医生组织落实有关卫生保健的法规及要求。

二、认真做好幼儿晨检和午休巡视工作，及时处理幼儿午休环节中出现的问题。

三、配合保健医生处理幼儿的外伤和临时发生的疾病，认真检查幼儿饮食、饮水和环境卫生。

四、热心为幼儿服务，协助保健医生管理好幼儿药品，及时给幼儿喂药，对体弱幼儿和患有慢性病的幼儿做好观察护理与记录。

五、配合保健医生妥善管理医疗器械、消毒用具和药品。每月统计各班幼儿的出勤率、发病率，每学期公布幼儿的体检情况。按省妇幼保健院要求，建立各种表、簿、卡，整理并保存好幼儿的健康档案。

六、关心全园教职工及幼儿身体健康，协助做好幼儿、教师的体检工作及档案管理工作。

七、协助保健医生指导保育员、炊事员、保洁员做好清洁卫生及消毒工作，并加强检查，做好记录。

八、保健医生参加省妇幼保健院组织的例会时，独立做好幼儿园卫生保健工作。

九、定期为幼儿园教职工及幼儿提供卫生保健信息。

十、服从分配，认真完成临时性工作。

保洁员职责

一、遵守幼儿园各项规章制度，按时上下班。

二、每日按顺序打扫室外环境，清理垃圾，认真做好保洁工作。

三、每日认真打扫办公楼楼梯，擦拭办公楼扶手、窗台，冲洗公共卫生间。

四、每周打扫办公室和会议室各1次，认真做好会议前的有关清洁工作。

五、每月消毒室外大型玩具1次，擦拭办公楼玻璃1次。

六、每周五与其他员工共同协作做好包干区的冲洗工作。

七、离园时将户外各类玩具、桌椅归回原位，并将大型玩具上锁。

八、服从分配，认真完成临时性工作。

制度与规定

晨检制度

一、幼儿每天早晨入园时，须在接待室接受保健医生的晨间检查后方可入园。

二、晨间检查应严格按照一摸、二看、三问、四查、五处理的步骤进行，如有服药须按要求记录。

一摸：幼儿有无发热现象，两腮是否有肿起异样，可疑者应测量体温。

二看：幼儿面色和精神状态，有无疾病和传染病的迹象，血色、咽喉、皮肤有无异常或某些传染病的早期症状，如有可疑情况须经医生证明后才能入园。

三问：向家长询问幼儿的饮食、睡眠、大小便等情况。

四查：检查幼儿的书包和携带物是否安全，如发现玻璃片、小刀、玻璃珠、尖锐玩具等不安全物品应及时处理，并提醒家长注意幼儿携带物品的安全性。

五处理：根据幼儿的晨检情况发放晨检牌。晨检合格的发给绿牌；卫生不合格的发给黄牌，提醒幼儿勤洗手、剪指甲；服药幼儿发给红牌；需提醒多饮水的幼儿发给蓝牌；需要教师特殊关注的发给紫牌。

记录：有带药在园服用的，家长须填写《幼儿带药服药记录表》，并将单次的药量交给保健医生保管。晨检后，保健医生应及时做好晨检异常情况的记录。

午检制度

一、幼儿入寝室睡觉前，班级教师应提醒并检查幼儿是否将细小玩具或其他不安全物品带进寝室，并观察幼儿精神状态、面色及有无发热现象。

二、幼儿入睡过程中，保育员应巡回观察幼儿睡眠情况，并重点关注身体欠佳的幼儿，如有异样及时上报保健医生。

三、保健医生中午不定时巡查保育员关照幼儿午睡的情况，并关注各班寝室通风情况以及室温的适宜性。

四、幼儿起床后，保健医生应到各班观察、了解幼儿的身体状况，对服药幼儿给予特别关注与观察，如有异样及时处理。

五、保健医生应做好每日午检巡查工作的详细记录。

服药登记制度

一、为保证幼儿服药安全，保障幼儿健康，实行服药登记管理制度，由保健医生负责药品的保管和喂服。

二、需在园服药的幼儿，家长应在晨检时及时填写《幼儿服药情况登记表》，详细记录幼儿的班级、姓名、药物名称、服用剂量和时间等，并签上家长的姓名。

三、保健医生根据家长填写的《幼儿服药情况登记表》，按时、按量给幼儿喂服，喂服前应仔细核对幼儿的姓名、药名和剂量，避免误服或过量。

四、未经保健医生许可，任何人不得给幼儿服药，以防医疗事故的发生。

五、保健医生应密切关注服药幼儿的情况，如发现紧急病情，应及时送往医院救治，并通知家长。

卫生消毒及隔离制度

一、卫生消毒

1. 餐具、毛巾、餐桌布的卫生消毒。

餐具用流通蒸汽消毒 30 分钟；两巾两杯每日用流动水清洗，并放消毒柜中消毒 30 分钟，毛巾每周再煮沸消毒 2 次；餐桌布在进餐前应用 500 mg/L 含氯消毒液擦洗消毒，使用后应清洗干净、晾干。

2. 寝室、活动室、走廊、盥洗间的卫生消毒。

保持寝室、活动室的空气流通，每半日开窗通风 15 分钟以上；活动室、盥洗间、厕所、走廊地面每日用清水湿拖，每周再用浓度为 500 mg/L 的含氯消毒剂湿拖 1 次；寝室每天湿性打扫 1 次，每周湿拖 2 次（其中一次使用 533 消毒剂）。寝室、活动室每天用紫外线灯照射 1 小时，并做好记录；紫外线灯管每两周用浓度为 95％的酒精棉球擦拭 1 次；低矮柜面、层架以及幼儿托盘等每日用抹布擦拭 1 次，每周再用 500 mg/L 的含氯消毒剂擦拭 1 次。传染病疫情期间，应每日进行 1 次全面的消毒处理。

3. 环境卫生及消毒。

（1）保洁员每日晨间及中午清扫幼儿园户外环境 1 次，每日清洁办公室走廊、楼道等公共环境 1 次，并及时清理垃圾，保持幼儿园环境的清洁卫生。

（2）防疫站工作人员每周入园进行户外环境及班级活动室的喷药消毒 1 次，定期清理园所周围的蚊蝇孳生地，消灭蚊、蝇、蟑螂等虫害。

（3）保育员负责并保持班级周边的环境卫生。

（4）保洁员和保育员每周五进行户外环境大扫除 1 次。

（5）保健医生定期检查、记录幼儿园室内外环境卫生情况，并进行考评。

4. 被褥、玩具的消毒。

被褥每周在阳光下曝晒 1 次，每月末由家长带回家洗晒。玩具每周用浓度为 500 mg/L 的含氯消毒剂浸泡消毒清洗 1 次，并在阳光下曝晒，不能泡洗的玩具应每周在阳光下曝晒 4 小时以上。遇到梅雨天或传染病流行季节，应增加被褥洗晒的次数，并用紫外线灯对玩具进行照射消毒。

5. 厕所的消毒。

每日应随时冲洗便池，并用浓度为 500 mg/L 的含氯消毒剂消毒 1 次，保证厕所便池无积粪、无尿垢、无异味。

二、隔离

1. 教职工家中或幼儿家中发现传染病人时，应及时报告园所保健医生。

2. 幼儿及教职工患传染病应立即隔离治疗，所在班级应彻底消毒。对患病幼儿所在班级密切接触者应进行检疫、隔离、观察，检疫期间园所幼儿不混班、不串班，检疫期满后无症状者方可排除隔离。

3. 幼儿离园 1 个月以上或外出（离开本市）返回时，应向家长询问有无传染病接触史，如有接触传染病的要在家观察 2 周，并经过专门医院检查鉴定后方可入园。

体格锻炼制度

一、积极开展适合幼儿年龄特点的游戏及体育活动。

二、在天气正常时，保证幼儿充足的户外活动时间，每天不少于 2 小时，加强冬季锻炼。

三、创造条件，充分利用日光、空气、水等自然因素，有计划地锻炼幼儿体格。

四、锻炼要经常化并循序渐进，运动项目和运动量应适合各年龄段幼儿的身心发展特点，对个别体弱的幼儿要给予特殊照顾。

五、锻炼前应做好活动场地、器械、幼儿穿着等准备工作。锻炼过程中应注意保护幼儿的安全，做好保育护理，观察幼儿的反应，出现异常情况应立即停止锻炼并及时处理。锻炼结束后应观察幼儿精神、食欲、睡眠等情况，保证开水的供给。

疾病预防制度

一、贯彻"预防为主"的工作方针,按年龄及季节完成防疫部门布置的预防接种工作,预防接种率达到100%。

二、新入园幼儿应在健康检查卡上填好预防接种史,由保健医生登记备案。

三、及时了解疫情,发现传染病要及时报告,做到早预防、早发现、早报告、早诊断、早治疗、早隔离。实行及时正确的检疫措施,对患者所在班级进行严格的终末消毒。对接触传染病的幼儿立即采取必要的预防措施,并按各种传染病规定的检疫期进行检疫。检疫期间不办理入园和转园手续,杜绝各种传染病的爆发。

四、加强晨检工作,未经过晨检幼儿不得进入班级。

五、在传染病流行期间不带幼儿串班,不到公共场所。

六、加强体格锻炼,增强幼儿体质,提高对疾病的抵抗力。

七、积极开展健康教育,运用多种形式宣传卫生知识,传授传染病的防治常识等,家园共育,共同促进幼儿身心健康,减少疾病。

健康教育制度

一、定期对全园教职工进行疾病防治、健康科普知识教育，培训护理幼儿和应急救护的技能。

二、协助教师制订幼儿健康教育计划、内容，培养幼儿健康意识，帮助幼儿养成良好的生活与卫生习惯，提高自我保护能力，形成终身受益的生活能力和文明生活方式。

三、通过宣传专刊、家长学校、家教咨询等途径，对家长进行健康教育，普及健康知识，实行家园共同促进。

健康检查制度

一、幼儿入园前检查。幼儿在入园前必须进行体格全面检查，并建立健康档案。

二、及时了解幼儿疾病史、传染病史、过敏史、家族史和生活习惯等。对有传染病接触史的幼儿必须经过检疫期，无症状后方可入园。对离园3个月以上（包括3个月）的幼儿，应重新体检证实健康后方可回园。

三、幼儿入园每年复检1次，每半年测量身高、体重1次，每学期进行口腔保健、视力检查1次。测量应准确并做好记录，进行健康分析、评价、疾病统计，及时矫治缺点，完成表、薄、卡的填写工作。

四、工作人员参加工作前必须接受体检，包括梅毒、肝功能、粪便以及女性阴道霉菌、滴虫等检查，健康检查合格并且无严重生理缺陷方可就职。

五、工作人员每年全面体检1次，炊事人员应做粪便培养，发现肝炎或其他传染病者须立即离职治疗，待痊愈后，持指定医疗保健单位的健康证明方可恢复工作。患慢性痢疾、肝功异常、滴虫性阴道炎、化脓性皮肤病、麻风病、精神病等保教人员需调离工作。

六、坚持晨检及全日健康观察制度，认真做好一摸、二看、三问、四查。

五官保健制度

一、眼保健常规

1. 幼儿每半年检查1次视力。早期发现视力异常的幼儿，应及时通知家长进一步诊断治疗，抓住最佳的治疗时机，提高矫治率。

2. 采取有效的视力保护措施，室内保证充足的采光。教育幼儿不用手揉眼睛，注意用眼卫生，杜绝幼儿眼外伤的发生。

二、口腔保健

1. 幼儿每半年进行1次口腔检查，涂氟保护剂。体检中若发现患龋齿的幼儿，应及时与其家长联系，及早治疗，提高矫治率。

2. 培养幼儿良好的口腔卫生习惯，控制糖或含糖食物的摄入量与摄入次数，预防龋齿。教育幼儿养成饭后漱口，早晚刷牙的良好习惯。

三、听力筛查

1. 新生入园时需进行听力检测，之后每年复查1次。及时发现高危幼儿，联系家长进行复查，及早治疗。

2. 对有后天致聋因素的幼儿，如传染病史、中耳炎史、使用过耳毒性药物及客观反应不良的，应加强监护。

营养膳食管理制度

为合理组织幼儿膳食,加强营养管理,保证幼儿获得全面、合理、充足的营养,满足生长发育的要求,让幼儿健康成长,特制定营养膳食管理制度。

一、成立膳食管理委员会。膳食管理委员会由园长、分管副园长、食堂管理员、营养师、炊事员、年段长、家长代表组成。

二、膳食管理委员会每月召开一次会议,研究幼儿膳食管理工作。根据幼儿的年龄特点和季节变化,依据膳食搭配原则,科学、合理地制订营养带量食谱,每周更换幼儿营养带量食谱,并及时向家长公布。

三、食堂应严格执行《食品卫生法》"食品卫生五四制""食品安全八项制度"。切实按照制订的幼儿营养带量食谱合理采购,科学烹饪,制作色、香、味、形俱全的营养膳食。

四、膳食由食堂管理员负责。食堂管理员应准确掌握幼儿出勤人数,做到每天按人按量投放主、副食,保证幼儿的进食量和营养量,不吃隔日剩饭菜。

五、营养师每季度进行一次营养调查统计,根据统计分析情况,调整幼儿带量食谱,保证幼儿的营养需求,并将营养统计、分析等资料存档。

饮食卫生制度

一、食堂应严格执行《食品卫生法》。食堂管理员要保证所进食品的卫生与安全，做到采购员不进、保管员不收、厨师不做、送餐员不送腐烂变质的食品。

二、食堂工作人员应注意个人卫生，做到勤洗手、勤剪指甲、勤洗澡理发、勤换工作服。

三、厨师应严格检查食物的新鲜度，注意将食物煮熟、煮透，煮好的食物要有防蝇、防尘设备。

四、勤杂员做好厨具、餐具一餐一消毒工作。厨房用具、刀、案板、盆、筐、抹布、橱柜等要做到生熟分开，洗刷干净，餐具做到一洗、二刷、三冲、四消毒。

五、食堂卫生应做到定人、定物、定时间、定质量，划片分工，包干负责。做到每周一大扫、每日一小扫，保持食堂内外的清洁卫生，注意食物和垃圾应保持一定距离。

六、保教人员严把幼儿进食卫生关，引导幼儿勤用肥皂、流动水洗手。保育员严格执行卫生消毒制度，做好幼儿杯子和毛巾的卫生消毒工作。

家长联系制度

一、新生入园前，保教人员应全面开展家访工作，了解幼儿健康状况、生活卫生习惯及个性特点等，为幼儿尽快适应幼儿园集体生活奠定良好基础。

二、每月通过宣传专刊、家长学校等多种方式，定期向家长宣传幼儿卫生保健知识。

三、每天做好缺勤幼儿的追踪工作，及时与家长联系，了解幼儿缺勤原因，并做好记录。

四、加强对营养性疾病幼儿的管理，定期与家长联系，互通幼儿在家在园的情况及体格发育情况。

因病缺勤幼儿病因追查与登记制度

一、班级教师每天负责登记与统计本班因病缺勤的幼儿人数，做好相关的联系工作，并将联系情况报告保健医生。

二、班级教师应及时了解因病缺勤幼儿的患病情况和可能的病因。如有疑问，立即上报幼儿园领导及保健医生，由园部进行跟踪了解，以做到对传染病病人的早发现。

三、告知家长，如果幼儿因病缺勤应及时向班级教师请假，并说明病因。

四、班级教师和保健医生对边治疗边要求来园的幼儿家长做好说服劝止工作，要求幼儿在家中治疗休息，病愈后应查验传染病复学医学诊断报告，或进行观察后方能入园进班。

传染病管理制度

一、保健医生负责园内传染病报告、登记、统计、分析和传染病管理工作，做到早预防、早发现、早隔离、早治疗。

二、发现传染病例应立即隔离患儿，同时告知班级教师通知家长来园将幼儿带回就医治疗。做好切断传播途径和保护易感幼儿的工作。

三、对患儿所在班级进行医学观察，观察期间，不并班、不收新幼儿，避免班级与班级之间的交叉传染。

四、医务室指导班级教师、保育员做好环境和各种物品的消毒工作。

五、患病幼儿痊愈返园，须向医务室出示医院证明。保健医生根据医院证明及具体情况，决定患病幼儿能否返园。经确认，医务室需填写《幼儿准许入园通知单》，家长持通知单带幼儿到班级教师处报到。医院证明的复印件留存医务室备案。

六、教职工发生传染病应根据要求做好传染病管理，患者患病期间停止园内一切工作。病愈返园工作时，应持有医疗机构的返园工作证明。

卫生保健登记、统计制度

建立健全各种卫生保健资料的记录与登记，要求各种记录完整、准确、及时，按时对各种资料进行统计处理。

一、幼儿入园时，做好幼儿健康记录卡，登记出生史、家族史、重要疾病史及过敏史。

二、每日各班教师做好幼儿出勤情况及缺勤原因追踪，保健医生统计全国幼儿缺勤情况并向园长汇报。每月保健医生做好各班出勤统计分析表，每学期末向省妇幼保健院汇报。

三、保健医生每天做好晨、午检及全日观察并做好记录，园领导随时抽查记录情况。

四、每日保育员、食堂人员、门卫按规范要求做好卫生消毒工作，并做好记录，保健医生及园领导随时抽查。

五、严格幼儿服药制度。幼儿自带药品均应为正规医院所开，且须携带病历或处方给保健医生确认，由家长填写幼儿带药服药记录，喂药时保健医生及带班教师共同做好核对工作，核对无误后方可由保健医生给幼儿喂药并签字。

六、配合防疫部门做好国家规定的计划免疫工作，填好入托幼儿预防接种证查验登记表及补种情况汇总表。每月督促适龄幼儿及时接种，家长带领幼儿到防疫部门接种后要及时通知保健医生，保健医生要立即登记，做到卡、证、簿相符，保证计划内免疫接种率达到国家要求。

七、根据季节变化和幼儿发育情况，通过宣传栏、LED屏、《致家长的一封信》、微信公众平台等不同方式进行健康教育，并做好记录。

八、对在园患病或发生意外事故的幼儿，及时填写幼儿营养性疾病及常见疾病登记表或伤害登记表，分析原因并追踪转变情况。

九、发现传染病及时登记上报，并分析原因，及时采取防范措施，每月统计传染病发病情况。

十、每季度召开膳食委员会会议并做好记录。每周制定带量食谱，进行营养计算与营养分析。

十一、定期组织幼儿健康检查并做好记录，根据检查情况对幼儿体格发育、膳食营养进行统计分析评价，并及时反馈给家长。

十二、建立职工健康档案，做好职工每年体检结果的录入。每学年向省妇幼保健院上报幼儿园基本情况表。

十三、做好各种卫生检查记录。

实操表格

晨检及全日健康观察登记表

日期	幼儿姓名	班级	晨检情况 （家长主诉与检查）	全日健康观察 （症状与体检）	处　理	检查者

在园幼儿带药服药记录表

日期	班级	幼儿姓名	药物名称	服用剂量及服药时间	家长签字	喂药时间	喂药者签字

幼儿出勤登记表

班级：　　　　　　　　　　　　　　　　　　　　　　　　　年　　月

姓名	日期							备注
	1	2	3	4	5	……	31	

备注：1."√"代表出勤，"○"代表缺勤。

2. 缺勤儿童查明原因后在"○"内补全相应的符号："×"代表病假，"—"代表事假。

3. 因病缺勤，需在备注栏注明疾病名称。

幼儿因病缺勤登记日志

班级：　　　　　　　　　　　　　　　　　　　　　　日期：

幼儿姓名	主要症状	采取的措施

登记人：

幼儿缺勤情况报告表

___月___日

班级	缺勤人数	缺勤原因	班级	缺勤人数	缺勤原因
小一班			中三班		
小二班			中四班		
小三班			大一班		
小四班			大二班		
中一班			大三班		
中二班			大四班		

报告人：　　　　　　　　　园长签字：

幼儿缺勤追访登记表

日期	幼儿姓名	班级	缺勤原因			离园日期	追访方式			追访者签名	备注
			感冒	发烧	其他		电话	短信	QQ		

幼儿出勤统计分析表

年份	月份	在册幼儿数	应出勤天数	出勤情况			缺勤人次数	缺勤原因分析			
				应出勤人次数	实际出勤人次数	出勤率（％）		因病	因事	寒暑假	其他
	9月										
	10月										
	11月										
	12月										
	1月										
	2月										
	3月										
	4月										
	5月										
	6月										
	7月										
	8月										

备注：1. 出勤率＝（实际出勤人次数/应出勤人次数）×100％。

2. 缺勤人次数＝应出勤人次数－实际出勤人次数。

3. 各项百分率要求保留小数点后1位。

幼儿传染病登记表

幼儿姓名	性别	年龄	发病日期	传染病名称									诊断单位	诊断日期	处置
^	^	^	^	手足口病	水痘	流行性腮腺炎	猩红热	急性出血性结膜炎	痢疾	麻疹	风疹	传染性肝炎	其他	^	^	^
合计																

备注：患某种传染病在该栏内打"√"，其他疾病在"其他"栏内打"√"，并在后面空白栏写上具体疾病名称。

幼儿营养性疾病及常见疾病登记表

班级	幼儿姓名	疾病名称	确诊日期	干预与治疗	转归

备注：登记范围包括营养不良、贫血、单纯性肥胖、先心病、哮喘、癫痫、听力障碍、视力低常、龋齿等。

疾病及缺点矫治情况登记表

日期	班级	幼儿姓名	性别	年龄	诊断名称	矫治及保健指导内容	矫治情况

备注：凡入托及在园儿童体检时发现的疾病、缺点，都要登记、矫治，并做好矫治情况总结。

幼儿营养性疾病管理记录表

班级		幼儿姓名		性别		出生年月	
既往史				过敏史			
诊断			诊断单位		诊断日期		
立案时间			立案时幼儿主要症状及体征				
结案时间			结案时幼儿主要症状及体征				

日期	主要症状及体征	治疗方案及保健指导内容	转归情况	签名

备注：管理范围包括营养不良、贫血、单纯性肥胖、维生素 D 缺乏性佝偻病、反复（呼吸道、消化道）感染、先心病、哮喘、癫痫、听力障碍、精神发育迟缓、常见畸形等。

幼儿口腔、眼保健情况统计表

＿＿年＿＿月＿＿日

班级	口腔保健				视力保健			
	应检人数	防龋		口腔疾病、龋病人数	视力筛查		视力低常人数	回访人数	回访率
		人数	占比(%)		人数	占比(%)			
全园合计									

备注：回访指视力筛查低常儿童进一步到医院眼科检查≥1次。

幼儿体格发育评价统计表

_____年___月___日

年龄组	应检人数	实检人数	体重													身高												
^	^	^	高		中高		中上		中下		中低		低		高		中高		中上		中下		中低		低	
^	^	^	人数	占比(%)	人数	占比(%)	人数	占比(%)	人数	占比(%)	人数	占比(%)	人数	占比(%)	人数	占比(%)	人数	占比(%)	人数	占比(%)	人数	占比(%)	人数	占比(%)	人数	占比(%)
3岁																										
4岁																										
5岁																										
6岁																										
合计																										

学年（上、下）幼儿健康检查统计分析表

年龄组	在册人数	体检人数	体检率（%）	体格评价 检测人数	体格评价 低体重数	体格评价 生长迟缓数	体格评价 消瘦数	体格评价 肥胖数	血红蛋白 检测人数	血红蛋白 轻度贫血人数	血红蛋白 中重度贫血人数	视力 检查人数	视力 视力不良人数	听力 检查人数	听力 听力异常人数	龋齿 检查人数	龋齿 患龋人数
3—4岁																	
4—5岁																	
5—6岁																	
6—7岁																	
总　计																	

备注：1. 体检率＝（体检人数/在册人数）×100％。

　　　2. 某病患病率＝（某病患病人数/检查人数）×100％。

膳食营养分析表

一、平均每人进食量

年　　月

食物类别	细粮	杂粮	糕点	干豆类	豆制品	蔬菜总量	绿橙蔬菜	水果
数量（g）								
食物类别	乳类	蛋类	肉类	肝	鱼	糖	食油	
数量（g）								

二、营养素摄入量

	热量（千卡）	热量（千焦）	蛋白质（克）	脂肪（克）	视黄醇当量（微克）	维生素A（微克）	胡萝卜素（微克）	维生素B_1（毫克）	维生素B_2（毫克）	维生素C（毫克）	钙（毫克）	锌（毫克）	铁（毫克）
平均每人每日													
参考值													
比较（%）													

三、热量来源分布

	脂肪		蛋白质	
	要求	现状	要求	现状
摄入量（千卡或千焦）				
占总热量（%）	30%—35%		12%—15%	

四、蛋白质来源

	优质蛋白质		
	要求	动物性食物	豆类
摄入量（克）			
占蛋白质总量（％）	≥50％		

五、膳食费使用：

当月膳食费：　　　／人

本月总收入：　　　元
本月支出：　　　元
盈亏：　　　元
占总收入：　　　％

健康教育记录表

日期	地点	对象	形式	内容

备注：1. 对象是指幼儿、家长、保教人员等。

2. 形式是指宣传专栏、咨询指导、讲座、培训、发放健康教育资料等。

3. 内容是指园（所）内各项健康教育活动的主要内容。

膳食委员会会议记录表

时间：	
出席会议人员：	
主持人：	
会议议题：	
会议记录：	

幼儿伤害登记表

年　　月　　日

姓名：	性别：	年龄：	班级：

伤害发生日期：　　年　　月　　日　　伤害发生时间：___:___（用24小时计时法）

当班责任人：　　　　　填表人：

伤害类型：
1. 交通事故　2. 跌伤（跌、摔、滑、绊）　3. 被下落物击中（高处落下物）　4. 锐器伤（刺、割、扎、划）　5. 钝器伤（碰、砸）　6. 烧烫伤（火焰、高温固/液体、化学物质、锅炉、烟火、爆竹炸伤）　7. 溺水（经医护人员救治存活）　8. 动物伤害（狗、猫、蛇等咬伤，蜜蜂、黄蜂等刺蜇）　9. 窒息（异物，压、闷、捂窒息，鱼刺/骨头卡喉）　10. 中毒（药品、化学物质、一氧化碳等有毒气体，农药，鼠药，杀虫剂。腐败变质食物除外）　11. 电击伤（触电、雷电）　12. 他伤/攻击伤

伤害发生地点：
1. 户外活动场　2. 活动室　3. 寝室　4. 卫生间　5. 盥洗室　6. 其他（请说明___）

伤害发生时活动：
1. 玩耍娱乐　2. 吃饭　3. 睡觉　4. 上厕所　5. 洗澡　6. 行走　7. 乘车　8. 其他（请说明_____）　9. 不知道

伤害发生时和谁在一起：
1. 独自一人　2. 教师　3. 小伙伴　4. 其他（请说明_____）　5. 不知道

受伤后处理方式（最后处理方式）：
1. 自行处理（保健人员）且未再就诊　2. 医疗卫生机构就诊　3. 其他（请说明_____）

如果就诊，诊断是：_____

因伤害休息时间（包括节日、假期及周末）：_____天

转归：1. 痊愈　2. 好转　3. 残疾　4. 死亡

简述伤害发生经过（对损伤过程作综合描述）：

入托、入学幼儿预防接种证查验登记表

____市____县（市、区）____乡镇（街道）_____托儿所（幼儿园、小学）_____班

编号	幼儿姓名	出生年月	家长联系电话	预防接种证	接种记录																					需补证/补种	复验情况
					卡介苗	脊髓灰质炎疫苗				百白破疫苗				麻疹疫苗		乙肝疫苗			白破疫苗	乙脑疫苗			流脑疫苗					
						1	2	3	4	1	2	3	4	1	2	1	2	3		1	2	3	1	2	3	4		

单位负责人签字：　　　　登记查验人签字：　　　　登记验证时间：　　　年　　月　　日
复验人签字：　　　　　　　　　　　　　　　　　复验时间：　　　　　年　　月　　日

备注：1. 此表由托幼机构和学校填写，复印一份上报当地接种单位或疾病预防控制机构。

2. 查验幼儿预防接种证和接种记录；用"√"表示有预防接种证，"×"表示无；接种记录应具体填写接种日期。

3. 1.5—2周岁接种麻疹疫苗第2针、百白破疫苗第4针、乙脑疫苗第2针；3周岁接种流脑疫苗第3针；4周岁接种脊髓灰质炎疫苗第4针；6周岁接种白破疫苗、乙脑疫苗第3针、流脑疫苗第4针。未达到接种年龄记"○"。

4. "需补证/补种"栏填写"1""2""3"，分别表示"需补证""需补种""需补证、补种"。

5. 复验情况栏根据《入托、入学儿童补证/补种反馈单》填写"1""2"，分别表示"已种""未种"。

入托、入学幼儿预防接种证查验及补种情况汇总表

报告单位（盖章）

班级或单位名称	应查验幼儿数	实查验幼儿数	持有幼儿预防接种证人数	应补证人数	实补证人数	接种记录完整人数	应补种人数	实补种人数	补种情况															
^	^	^	^	^	^	^	^	^	卡介苗		脊髓灰质炎疫苗		麻疹疫苗		乙肝疫苗		百白破疫苗		白破疫苗		乙脑疫苗		流脑疫苗	
^	^	^	^	^	^	^	^	^	应种人数	实种人数	应种人次	实种人次	应种人次	实种人次	应种人次	实种人次	应种人次	实种人次	应种人次	实种人次	应种人次	实种人次	应种人次	实种人次
合计																								

报告人：　　　　　　　　　　　　　　　报告时间：　　年　月　日

备注：此表由托幼机构、幼儿园填写，一式两份，一份留底，一份报当地卫生院或疾病预防控制机构。各卫生院将辖区托幼机构、幼儿园的上报汇总表汇总后，逐级上报至县（市、区）疾病预防控制机构。

班级卫生消毒记录表（一）

日期	班级	消毒物体									
		开窗通风	餐桌	床围	门把	水龙头	图书晾晒	玩具	被褥晒洗	厕所	其他

班级卫生消毒记录表（二）

第　　周

时间	消毒柜 （每日三次）	紫外线 （每周二次）	321含氯消毒剂（每日一次）						
	口杯、毛巾	教室、寝室	床上用品	桌椅	橱柜	电器	玩具	洗手池	厕所	地板
备注										

班级卫生检查记录表

记录人：　　　　　　　　　　　　　　　　　　　　　年　　月　　日

班级	环境卫生				物品消毒					个人卫生		安全检查			备注
	活动室	寝室	厕所	盥洗室	餐具	喝水杯	毛巾	玩具	桌椅	被褥晒洗	幼儿	保教人员	玩具	电器	设施	

检查人员签名：

备注：1. 要求每周查一次。

2. 环境卫生：幼儿活动室、卧室、厕所、盥洗室应每天进行1次预防性消毒。

3. 物品消毒：幼儿常用的餐具、喝水杯、毛巾、桌椅，每天定时消毒；玩具每周定期消毒；被褥床垫每半月曝晒1次，保持干燥，每月洗1－2次。

4. 个人卫生：幼儿饭前便后用肥皂和流动水洗手，早晚洗脸，饭后漱口，勤剪指甲，保持衣服整洁；保教人员保持仪表整洁，注意个人卫生，上班不戴戒指，园内禁止吸烟。

5. 安全检查：定期检查班级门窗、电源插座、流动水设施、饮水设施、大型玩具连接处是否松动等安全隐患。

日常卫生工作检查指导记录表

检查人员：

时间	地点	情况记录	整改意见	整改情况

第三节　膳食工作

岗位职责

食堂管理员职责

一、根据幼儿园后勤工作计划及教育教学需要，全面负责食堂管理工作。制订食堂工作计划，组织实施，并做好学年总结。

二、抓好食堂队伍建设，负责做好食堂人员的思想工作及业务培训，协助总务主任做好员工考核、评估工作。

三、负责食堂安全卫生工作。切实落实食品、餐具、环境卫生消毒和操作流程安全规范，做到安全检查有记录，确保不发生食物中毒事故。

四、严把食品进货关，做好食品验收、留样及统计等工作，杜绝变质的食品进入食堂。

五、负责食堂餐具、设备的管理使用，建好固定资产帐册，做到账册相符。及时提出维修、整改、添置意见，保证设备正常使用。

六、增收节支，降低成本，做好伙食的成本核算。每月上报食堂库存情况。

七、配合卫生保健人员制订科学、合理的食谱，提高师幼膳食质量。

食堂仓库管理员职责

一、负责食堂餐具、用具、食品等物资的保管工作。

二、对库存物资要定期盘点，建立台帐，做到帐物相符。

三、入库物资要验收入帐，细心保管，防止积压浪费、霉烂、损坏、变质、盗窃。

四、每天做好进出仓登记手续，出入食品必须先验收。

五、月末与食堂管理员一起盘仓，及时统计库存情况。

六、勤俭节约，修旧利废，物尽其用。

食堂炊事员职责

一、遵守幼儿园的各项规章制度，热情为教职工及幼儿服务。

二、根据幼儿的年龄特点与需求，与膳食委员会成员共同制订幼儿食谱，烹饪幼儿的一餐二点，注意色、香、味俱全。

三、根据教师食谱要求，烹饪教职工午餐。

四、不加工腐烂、变质、不符合卫生要求的食品，注意将食物煮熟、煮透。

五、严格区分生熟食品的容器和加工生熟食品的砧板。

六、工作结束将调料加盖，及时收入仓库。保持厨房内外环境的卫生整洁。

七、严格遵守食堂各项操作规范，发现设备有安全隐患应及时报告。

八、努力钻研烹饪业务，提高烹饪水平。

食堂勤杂人员职责

一、遵守幼儿园各项规章制度，语言文明礼貌，热情为教职工及幼儿服务。

二、按时上下班，上班时不离岗、不接待客人、不干私活。

三、配合炊事员准备好教职工和幼儿的午餐及点心。严格遵守进餐时间，准时分送幼儿餐点。

四、注重工作效率，严格按要求清洗处理各类食品，保证食品质量。

五、在食堂管理人员的指导下，做好餐厅及食堂工作区的日常卫生清洁工作。

六、节约用水、用电。

七、每天做好幼儿餐具、水池、各类用具的清洗及消毒工作，生熟容器分开存放。

八、妥善保管好幼儿、教师餐具和食堂的设备、用具。

制度与规定

幼儿膳食管理制度

一、成立幼儿膳食管理委员会，开放"伙食窗口"，实行专人负责，民主管理，共同办好幼儿伙食。

二、膳食管理委员会每月召开一次会议，研究伙食问题并做好记录。

三、伙食费要专款专用、精打细算、计划开支、合理使用，保持伙食费收支基本平衡，每月公布一次帐目。

四、教职工伙食和幼儿伙食严格分开，不允许侵占幼儿伙食。

五、保健人员每周提供带量食谱、营养计算，保证幼儿各种营养素摄入量达到要求，满足生长发育需要。

六、准确掌握幼儿出勤人数，做到每人按量供应主副食，不吃隔日剩饭菜。

七、根据季节供应情况制订合理的、营养平衡的食谱，每周食谱更换一次。

八、严格按食谱操作，做到烹调方法科学，符合年龄特点。注意调制花样，做到粗细搭配，主副食、荤素、干稀等搭配，形、色、香、味俱全，尽最大努力保存营养素，特别要防止维生素的流失。

九、幼儿餐点准时，并根据季节做好饭菜的降温及保温，进餐前后保持幼儿愉快情绪，幼儿进餐时间不应少于30分钟，保证幼儿吃饱吃好。

十、加强体弱儿饮食管理，根据需要提供病号饭或体弱儿饮食。

食堂从业人员健康管理制度

一、食堂从业人员必须持有效健康证明上岗,每年到市防疫站体检,符合要求,由疾控中心发给健康证,方可从事食堂工作。

二、食品卫生管理人员负责组织食堂从业人员进行健康体检工作,建立从业人员卫生档案,督促"五病"人员调离岗位,并对从业人员健康状况进行日常监督管理。

三、食堂从业人员一旦患上传染性疾病(痢疾、伤寒、病毒性肝炎、活动性肺结核、化脓性或渗性皮肤病等),则不得从事食堂食品加工和分发工作。

四、食堂从业人员若有以下有碍于食品卫生的病症时,应及时离岗并隔离,待查明病因、排除病症或治愈后,方可重新上岗。

1. 腹泻、呕吐等症状。

2. 感冒咳嗽,体温高于或等于38℃。

五、食堂从业人员每天上岗前应先穿戴好工作服、工作帽,不得穿拖鞋及佩戴首饰上岗。

六、食堂从业人员应做到"四勤"——勤洗手、勤剪指甲、勤洗澡理发、勤换洗衣服,保持良好的个人卫生习惯。

七、园领导或食堂管理员应对从业人员个人卫生进行检查,不符合要求的不得上岗。

食堂从业人员岗位培训制度

一、在卫生行政部门的指导下，定期组织食堂管理人员、食堂从业人员参加食品卫生知识、职业道德、法律法规和卫生操作技能的培训，增强卫生知识和安全法律意识。

二、每学期对食堂从业人员进行岗位知识、技能培训1－2次，培训方式为集中讲授、实际操作练习与自学相结合。

三、食堂从业人员必须积极参加培训，认真做好学习记录，不得缺席。

四、定期组织考试考核，不合格者需进行二次培训，直到考核合格。

五、建立从业人员卫生知识培训档案，将培训时间、培训内容、考核情况等整理存档备案。

食品原料采购索证制度

一、认真贯彻执行《食品卫生法》的有关规定，把好食品采购验收关，做好饮食卫生，严防食物中毒。

二、采购员要认真学习并掌握食品原料采购索证要求。

三、采购食品（包括食品成品、原料），要按照国家有关规定向供方索取产品的检验合格证和化验单，同时注意检查核对。合格证明中记载的产品名称、生产日期、批号等必须与产品相符，不得涂改、伪造。

四、所索取的检验合格证明由采购部门妥善保存，以备查验。

五、不得采购腐败变质、掺杂掺假、发霉生虫、有毒有害、不新鲜的食品及原料，以及无产地、无厂名、无生产日期和保质期或标识不清以及超过保质期限的食品。

六、不得采购无卫生许可证的食品生产经营者供给的食品。

七、采购乳制品、肉制品、水产制品、食用油、调味品、酒类饮料、冷食制品、食品添加剂以及卫生行政主管部门规定应当索证的其他食品，均应严格索证；生肉、禽类应索取兽医部门的检疫合格证，进口食品及其原料应具有口岸卫生监督部门出具的检疫合格证书。

八、验收员在验收食品时，要检查所收购食品有无检验合格证明，并做好记录。对不符合食品卫生要求的各种食物拒收入库。

九、包装容器应符合卫生要求，不能与有毒物、污物混装，以防污染食品。

食堂仓库管理制度

一、食堂库房配备两道锁，分由两人共同管理，并做到随手关门，随时上锁，非管理人员不得随意进出食堂库房。

二、严格执行出入库制度，做好出入库记录。保证先进先出，易坏先用。

三、仓库应定期清扫，保持仓库、货架卫生清洁。应经常开窗或用机械设备通风，保持仓库干燥、整洁。保管员应提高警惕，做好防火防盗工作。

四、主食、副食分库房存放，食品与非食品不能混放，食品仓库内不得存放有毒有害物品，不得存放个人物品和杂物。

五、做好食品数量、质量合格证明或检疫证明的检查验收工作。腐烂变质、发霉生虫、有毒有害、掺杂掺假以及质量不新鲜的食品，无卫生许可证的生产经营者提供的食品，未索证的食品均不得验收入库。

六、食品按类别、品种分架，隔墙、离地整齐摆放，散装食品及原料储存容器加盖密封，并经常检查，防止霉变。

七、肉类、水产品、禽蛋等易腐食品应分别冷藏储存。用于保存食品的冷藏设备，必须贴有明显标识并有温度显示装置。肉类、水产品分柜存放，生食、熟食、半成品分柜存放，严禁生熟混放。

八、经常检查食品质量，及时发现和销毁变质、超过保质期限的食品。

九、做好防鼠、防蝇、防蟑螂工作，安装符合要求的挡鼠板；不得在仓库内抽烟。

十、库房管理工作未按上述规定操作，造成纰漏的，将追究库房管理员责任。

餐具、用具清洗消毒制度

一、设立独立的餐饮具洗刷消毒室，消毒间内配备消毒、洗刷、保洁设备。

二、勤杂工必须熟练掌握洗刷消毒程序和消毒方法，严格按照"除残渣→碱水（或洗洁精）洗→清水冲→热力消毒→保洁"的顺序操作。药物消毒增加一道"清水冲"工序。

三、每餐收回的餐饮具、用具，应立即清洗、消毒，不隔餐隔夜。

四、清洗餐饮具、用具所使用的洗洁精、消毒剂必须符合国家有关卫生标准和要求。餐具消毒前必须清洗干净，消毒后的餐具表面光洁、无油渍、无水渍、无异味、无泡沫、无不溶性附着物，并及时将其放入保洁柜密封保存、备用。

五、盛放消毒餐具的保洁柜要有明显标记，并经常擦洗消毒，已消毒和未消毒的餐饮具要分开存放。

六、洗刷餐饮具的水池必须专用，不得与清洗食品原料、卫生用具等其他水池混用。

七、洗刷消毒结束，应清理地面、水池卫生，及时清理泔水桶，做到地面、水池清洁卫生，无油渍残渣，泔水桶内外清洁。

八、定期清洁室内环境、设备，不留卫生死角，保持清洁。

粗加工管理制度

一、分设肉类、水产类、蔬菜、原料加工洗涤区域池，并设有明显标志。

二、加工肉类、水产类、蔬菜的操作台、用具和容器，要分开使用，并附有明显标志。盛装海产品、水产品的容器要专用。

三、各种食品原料不得就地堆放。清洗加工食品原料必须先检查质量，发现腐烂变质、有毒有害或其他感官形状异常，不得加工并及时处理。

四、蔬菜类食品原料应按照"一择二洗三切"的顺序操作，彻底清洗干净，做到无泥沙、无杂草、无烂叶。

五、肉类、水产品类食品原料的加工要在专用加工区或水池进行。肉类清洗后无血、毛、污，鱼类清洗后无鳞、鳃、内脏，活禽宰杀放血完全，去净羽毛、内脏。

六、做到刀不锈、板不霉，整齐有序，保持室内清洁卫生。加工结束应清洗干净水池、加工台工具、用具容器等，并归位存放，拆洗刚使用过的切菜机、绞肉机等机械设备，并清洁地面。

七、及时清除垃圾，每日清洗垃圾桶，保持内外清洁卫生。

八、不得在加工、清洗食品原料的水池内清洗清洁卫生用品。

烹调加工管理制度

一、加工前检查食品原料质量，保证变质食品不下锅、不蒸煮、不烘烤，并及时销毁。

二、熟制加工的食品要烧熟煮透，油炸食品要防止外焦内生，加工后的直接入口熟食品应盛放在已经消毒的容器或餐具内。

三、烹调后至使用前超过2小时，应将食品存放于高于60℃或低于10℃的环境中。需要冷藏的熟制品应当放凉后再冷藏。

四、不用抹布揩碗盘，滴在盘边的汤汁用消毒布揩擦。灶台、抹布要随时清洗，保持清洁；及时清洗抽油烟机罩。

五、剩余食品及原料按照熟食、半成品、生食的卫生要求存放，不可混放和交叉叠放。

六、工作结束后，调料加盖，并送入仓库保存。工具、用具洗刷干净，归位存放；灶上、灶下地面清洗干净，不留残渣、油污；不留卫生死角，及时清除垃圾。

配餐卫生管理制度

一、配餐工作人员应注意个人卫生，配餐前洗手消毒，穿戴整洁的工作衣帽，佩戴口罩和一次性手套。

二、认真检查食品质量，发现提供的食品可疑或者感官性状异常，应立即撤换并做出相应处理。

三、传递食品应使用专用的食品工具，专用工具消毒后方能使用，定位存放。

四、配餐前要打开紫外线灯消毒 30 分钟，并用浓度为 500 mg/L 的含氯消毒液对配餐台进行消毒。

五、工作结束后，清理配餐间，要确保配餐台无油渍、污渍、残渍，地面干净整洁，并用紫外线灯消毒 30 分钟。

食品留样制度

一、食堂提供的每样食品，由食堂分餐人员专人负责留样。

二、每餐留样的食品，按规定留足100克，分别盛放在已消毒的餐具中。

三、留样食品取样后，立即存放在完好的食品罩内，以免被污染。

四、留样食品冷却后密封好，并在其外部贴上标签，标明留样日期、品名、弃样时间等留样记录，以备查验。

五、将贴好标签的留样食品按秩序存放在恒温冰箱内保存。冰箱温度设定为0—4℃。

六、做好每餐每样留样食品的记录，包括食品名称、留样时间、弃样时间、目测样状等，以备检查。

七、留样食品一般保存48小时，进餐者如无异常，即可处理留样的食品；如有异常，立即封存，送食品卫生安全部门查验。

八、食品留样冰箱为专用设备，严禁存放与留样食品无关的物品。

实操表格

食（饮）具消毒记录表

| 日期 | 食（饮）具数量（个） ||||||| 消毒方式 || 存放 | 消毒操作人员签名 |
	碗	盘	碟	筷子（双）	汤匙	杯子	其他	消毒柜（物理）	消毒剂（化学）	保洁柜	

食堂卫生检查记录表

检查情况 时间 \ 项目	粗加工间	洗消间	厨房	配菜间	教师餐厅	库房	更衣间
月　日							
月　日							
月　日							
月　日							
月　日							
月　日							
月　日							
月　日							
月　日							
备　注							

检查人员：

备注：1. 检查项目包括：墙面、地面、桌面、窗户、消毒柜、橱柜、餐具、案板、灶台、各类洗池是否清洁、消毒到位等。

2. 各方面检查情况良好的，打"√"。

3. 检查结果与每月工作绩效考评相结合。

食堂卫生包干区检查记录表

时间＼检查项目	炉灶、操作台（责任人：炊事员）	蒸饭间（责任人：当日中班人员）	分菜间（责任人：当日晚班人员）	煮牛奶间（责任人：当日早班人员）	洗消、包点间（责任人：当日中班人员）	粗加工间（责任人：当日中班人员）	餐厅（责任人：当日晚班人员）
备注							

检查人员：

备注：1. 检查项目包括：墙面、地面、桌面、窗户、消毒柜、橱柜、餐具、案板、灶台、各类洗池是否清洁、消毒到位等。

2. 各方面检查情况良好的打"√"。

3. 检查结果与每月工作绩效考评相结合。

留样记录表

留样内容:＿＿＿＿＿ 留样时间:＿＿＿＿＿ 弃样时间:＿＿＿＿＿	留样内容:＿＿＿＿＿ 留样时间:＿＿＿＿＿ 弃样时间:＿＿＿＿＿	留样内容:＿＿＿＿＿ 留样时间:＿＿＿＿＿ 弃样时间:＿＿＿＿＿
留样内容:＿＿＿＿＿ 留样时间:＿＿＿＿＿ 弃样时间:＿＿＿＿＿	留样内容:＿＿＿＿＿ 留样时间:＿＿＿＿＿ 弃样时间:＿＿＿＿＿	留样内容:＿＿＿＿＿ 留样时间:＿＿＿＿＿ 弃样时间:＿＿＿＿＿
留样内容:＿＿＿＿＿ 留样时间:＿＿＿＿＿ 弃样时间:＿＿＿＿＿	留样内容:＿＿＿＿＿ 留样时间:＿＿＿＿＿ 弃样时间:＿＿＿＿＿	留样内容:＿＿＿＿＿ 留样时间:＿＿＿＿＿ 弃样时间:＿＿＿＿＿

期末食堂工作检查记录表

时间：　　　　　　　　检查人员：

内　容	具体工作要求	检查结果	备注
餐具炊具	所有餐具、炊具清洗干净、消毒，归类放置并加盖		
厨房餐厅	厨房各功能区，餐厅墙面、地面刷洗干净		
仓　库	物品归类放置，杂物清除，冰箱清洗		
环境卫生	厨房四周环境卫生打扫干净，垃圾清理		
安全检查	电源插头、水龙头开关、门窗关紧		

第四节 其他工作

岗位职责

资产管理员职责

一、建立幼儿园财产总账,并进行分类造册(分固定资产、低值耐久资产、消耗品三类账)。

二、每学期进行固定资产的核实,及时完成新增固定资产的登记和报废固定资产的账务处理,明细账每学年清点一次,做到账物相符。

三、了解教育教学动态,根据物品的使用情况和工作需要填写采购单,经园长审批后,请有关人员及时进货。

四、保管物品要分门别类整理清楚,便于取放,新购置或调入的财产要及时验收、登账和入库,对财产情况做到家底清、去向明,心中有数。

五、物品的发放、借领严格按照出库手续办理,由领物人签字方能领用,并督促领物人根据工作需要领用,杜绝浪费现象。

六、及时修补破损的书籍、挂图、头饰等,防止物品的损坏及丢失,如遇损坏或丢失,应按制度及时上报并办理报损或赔偿手续。

七、做好保管资料的编目及电脑资料库录入工作,及时在网上向教职工发布新资料情况。年终装订整理好有关资料。

八、加强日常巡查工作,提高财产的效用,及时提出资产使用中存在的问题及建议。

九、工作人员调动工作时,提醒其归还公物,如有遗失要按价赔偿。

电教管理员职责

一、贯彻实施幼儿园电教室管理制度,做好电教设备、器材的管理和维护。

二、负责协调、安排多媒体室的有序开放,配合各班教师完成电化教学、多媒体制作等任务。

三、建立健全电教室财产的明细账,制作标签,做好说明书、资料的保管工作。摄影、照相器材等贵重物品必须存放于电教室,其他各类物品归类存放。

四、及时做好电教室财产的添置、验收、入账、报耗等工作,每两个月到各班级、部门核对财产,学期结束前全面清理一次,做到账物相符。

五、认真学习电教专业知识,不断提高工作能力和业务水平,熟悉各种电教设备的性能、使用方法和基本的维护。

六、定期测试设备性能,发现故障及时处理。对电教室的意外事故和突发事件要及时报告,并检查维修情况。

七、及时收集、录制、发布多媒体教学使用的教育资源。整理、制作多媒体素材,建设多媒体资源库,及时备份重要的软件系统或数据两份。

八、负责幼儿园信息、LED屏幕资料的网络上传工作。

九、因违规操作造成不良后果应承担相应责任。

十、完成园领导交给的其他工作。

功能室管理员职责

一、负责功能室财产及安全管理，建立设备登记和资产管理档案。

二、负责设施设备的日常维护保养工作，保证设备的运行良好。

三、严格按规定使用功能室，定期检查电路、设备，确保使用安全。

四、负责指导教师正确使用设备，严禁违规操作。

五、未经幼儿园同意，不得出借室内的任何设施设备及教玩具。

六、每次使用完毕要切断总电源，关好门窗，检查设备是否完好，发现问题及时处理或上报情况。

七、认真记好功能室日志，每学期期末交保教室存档。

八、保持功能室内干净、整洁、有序。

档案管理员职责

一、认真贯彻执行党和国家的方针政策，热爱档案工作，刻苦钻研业务，不断提高业务素质。

二、认真执行档案管理工作的各项规章制度，忠于职守，严守纪律，严格执行保密制度。

三、及时做好各部门档案和资料的接收、整理、归档、入库工作。

四、做好档案室防火、防盗、防潮、防鼠、防光、防尘、防高温、防虫及卫生工作，发现问题及时报告并妥善处理。

五、热情做好查阅档案接待工作，并如实做好登记工作。

六、积极配合幼儿园工作，充分挖掘档案信息资源，为教学、后勤等各部门服务。

七、经常进行保密、保卫、安全管理检查工作。

制度与规定

保管制度

一、严格履行借出、领出物品登记手续，凡未办理登记手续的物品不得进出保管室。

二、保管员应保证财产、物资存放处做到"五防"，即防火、防潮、防鼠、防盗、防蚀。定期检查和清点库房，做到账物相符。及时、准确地掌握办公用品、日常生活用品等的库存及消耗情况，并做好申购工作。在保证日常工作的前提下，节省开支，减少浪费，避免积压。

三、借出的一般物品，使用完毕后要及时督促归还。借用到班级的非消费品要提醒保教人员妥善保管，每学期末清点归还，如有丢失应追究责任，酌情赔偿并办理报损手续。

四、班级大批量幼儿学具、用具、玩具，如画纸、图书及桌面、地面玩具等消费品，由本班教师整批领出。

五、借出的教玩具、图片、碟片等限期一周内归还，借出资料室的书籍每学期末归还。

六、购进物品经过验收、签字后要及时入账。固定财产由保管员每学年清点核对一次，如有丢失或损坏由使用部门负责，视情节轻重给予批评教育或赔偿。

七、保管员对所保管的物品定期检查，并根据物品的损坏程度上报园长进行修理或报损。

八、不得将幼儿园财产占为己有或私自转借园外他人使用，工作人员调离幼儿园时，要督促办好归还销退手续。

班级电教财产管理制度

一、班级电教设备应纳入幼儿园固定资产管理范围，每个班级设备的配备和领用情况应有记录。由班主任前往电教室领取，并登记入班级财产册。

二、配合电教管理员定期对设备进行检查、维护和保养，出现故障应及时上报维修。

三、班级教师每天离园前应检查设备电源是否关闭。

四、班级电教设备除了教学正常使用外，严禁任何班级或个人在非教学时间使用电教设备，不得播放与教学内容无关的音像制品。

五、对于已经固定在班级使用的电教设备，其管理工作由所在班级班主任负责。

六、原则上不得将设备外借给个人或单位使用，如确需外借应经园领导同意，并办理相关手续。

七、教师应按照要求使用电教设备，对于不按照规定操作或人为因素造成设备损坏的，应按照有关规定进行赔偿。

办公电脑使用规定

一、办公电脑的维护由电教管理员负责管理,如发现电脑出现故障,由电教管理员及时通知维修人员。

二、电脑仅供办公使用,以提高工作效率,上班时间不得上网聊天、玩游戏或做与幼儿园工作无关的事情。

三、保持电脑及周围的整洁、美观,电脑桌面图像设置应保持积极健康的内容。

四、各班电脑由教师自行协商轮流使用。

五、长时间不使用电脑或离开办公室,应及时关闭电脑,切断电脑的电源。最后离开办公室的教师关好门窗、电灯。

六、凡不遵守以上要求而引发的事故,均由使用者承担责任。

多功能室管理制度

一、多功能室由专人负责管理，室内各种设备统一管理，并归类造册，及时供教学使用。

二、所有设备原则上不外借，遇特殊情况，需有分管园领导的批示，并做好登记手续后，方可借出，并及时归还。

三、教学人员因教学需要使用磁盘的，经同意并确定磁盘无病毒及其他问题后方可带入使用。

四、进入多功能室必须保持安静，不得高声喧哗，不得相互打闹嬉戏。

五、爱护多功能室内的物品，不得随意移动各种物件。

六、自觉保持多功能室的卫生，不随地丢垃圾，不将食物带入多功能室。

七、使用过程中如有物品损坏，应及时与管理员联系处理。

八、多功能室内设施设备的开启、运行和关闭，由管理员负责操作管理。

九、多功能室管理员要坚守工作岗位，不得擅离职守，下班时，应认真清查，切断电源，关好门窗。